Quand amour
ne rime plus avec toujours

Christiane Olivier

Quand amour ne rime plus avec toujours

Albin Michel

Prologue

Amour, mariage, séparation, divorce, remariage, famille recomposée, ce sont tous les mots qui jalonnent notre vie, et si le mot « amour » se vend bien, la société est ébranlée par tout ce charivari... ! Nos amours se suivent et se ressemblent quoi que nous fassions car ils sont marqués de la même couleur, des mêmes joies, des mêmes manques, des mêmes attentes que nos amours d'enfants... Alors pourquoi les défaire et les recommencer plusieurs fois puisque, au milieu de tout cela, nous ne changeons pas ? Parce que nous avons toujours l'espoir de faire mieux et que plus rien ni personne ne nous en empêche...

Autrefois les couples rencontraient les mêmes difficultés. Elles étaient tolérées en vertu d'une autre morale, celle qui considérait la structure familiale comme indestructible et surtout au nom d'une religion qui exigeait la monogamie à vie, la seule exception étant le remariage après un veuvage. Ainsi, bien des femmes et bien des hommes ont vécu enchaînés dans le malheur pour toute une vie. Heureusement qu'il existait une autre vie au-delà...

Depuis l'effacement de la religion, il est apparu clairement que le bonheur était entre nos mains et qu'il ne fallait pas compter sur un amour dispensé par un Dieu devenu hypothétique. À chacun de vivre son bonheur ici et tout de suite ! Par ailleurs, les femmes, accédant à l'égalité des droits avec l'homme, ont découvert la liberté de demander le divorce dès lors qu'elles pensaient que les hommes ne les aimaient pas comme elles le souhaitaient...

S'interrogeant sur la demande incessante d'amour chez les femmes, Freud, à la fin du XIXe siècle a posé la question : qu'en est-il de la vie affective des petites filles ? Mais Freud n'étant pas une femme n'a jamais trouvé de réponse. C'est avec le féminisme que les femmes ont posé le problème de la relation de la fille à sa mère. Mais une donnée était toujours laissée dans l'ombre : faute d'être approchée par le père, la petite fille n'avait pas de relation véritable avec lui. Françoise Dolto, elle-même, conseillait aux pères de n'agir que par la parole et de rester à distance de leurs enfants.

Dans les années 1980, en introduisant le père « paternant » dans l'enfance, on a espéré que l'homme et la femme cesseraient de s'opposer dans le couple à cause de leur inégalité datant de la période œdipienne vécue différemment par le garçon et la fille. En effet, auparavant, seul le garçon avait l'occasion de vivre son Œdipe avec la mère et se trouvait narcissisé par ce premier amour indéfectible. Cela lui donnait une grande sérénité vis-à-vis de ses amours féminines à l'âge adulte. Cependant que la fille, faute d'avoir eu accès à son père dans l'enfance, n'avait pas l'occasion de nouer d'Œdipe. Elle partait dans la vie sans le brevet de féminité ni de séduction envers l'homme que la relation avec son père aurait dû lui donner. Elle quittait sa famille bien décidée à obtenir son double brevet ! Ce n'était pas de tout repos... Ni pour l'homme qui la traitait d'hystérique ! Ni pour elle qui finissait par faire de véritables états dépressifs auprès de son homme qu'elle percevait comme indifférent et sadique, aucune de ses manifestations ne suffisant à la rassurer.

L'introduction du père paternant commence à se concrétiser dans les années 1980-1990 si bien que nous voyons actuellement des garçons qui cultivent une identité « avec » le père et non plus « contre » la mère, et des filles qui, dès l'enfance, proclament leur égalité avec les garçons et la revendiquent jusque dans les études et les rapports sexuels. Mais le phénomène du père paternant est encore trop récent et n'a pas eu le temps de montrer tous ses effets que nous nous apercevons qu'il est souvent enrayé par la liberté des mères de demander le divorce en emmenant les enfants avec elle. Et donc de les conduire vers une éducation comme autrefois, reposant uniquement sur la mère...

Il a fallu le temps que les pères réagissent et que la justice les approuve pour qu'ils obtiennent depuis peu la garde alternée ou la garde complète des enfants, véritable reconnaissance de l'égalité d'amour parental vis-à-vis des enfants.

Aujourd'hui, trente ans après le combat féministe et vingt ans après la réhabilitation de la place du père auprès du jeune enfant, de nombreuses jeunes femmes sont devenues les égales de l'homme. Mais beaucoup d'entre elles trimballent encore, comme leur mère, l'idée de l'amour avec un grand A qui viendrait réparer la distance d'avec le père quand elles étaient enfants.

En ce début de XXIe siècle, on voit des hommes encore très attachés à la mère (beaucoup ont vécu seuls avec elle après le divorce) mais moins misogynes qu'autrefois et qui ont une idée de l'amour beaucoup plus égalitaire. Ils sont unis à des femmes encore en panne de père, donc accrochées au besoin d'être rassurées sur leur séduction, qui vont comme leurs mères toujours chercher à obtenir dans le couple leur brevet d'objet aimé. Si elles ne l'obtiennent pas ? Elles partiront parce qu'elles n'ont plus peur ni de l'homme ni de la solitude... Elles ont eu des mères féministes qui leur ont prouvé que les femmes peuvent vivre seules, sans homme !

Tout n'est pas toujours parfait, mais on relève un changement entre la famille qui était constituée autour de la femme soumise à vie à un homme machiste, et la famille d'aujourd'hui en plein remaniement. Courage, les pères ! Si vous voulez que vos filles ne transforment pas le mariage en drame d'Amour, soyez présents et rassurants pour elles, mais soyez prudents dans l'expression de la tendresse car il faut laisser la place du corps à l'homme de demain... Les mères, faites de même et cessez de vous apitoyer sur votre pauvre petit garçon pour éviter qu'il attende des femmes qu'elles le materment !

Contrairement à ce que l'on croit, l'amour n'est pas une situation nouvelle pour l'individu qui le rencontre. C'est le recommencement de ce que nous avons déjà vécu enfants, et dont nous portons la marque sur le disque dur de notre ordinateur intérieur : l'inconscient. Mais comme les données de l'enfance sont en train de changer, la conclusion inconsciente pourrait bien varier !

Tout petits, par un travail spontané et secret, nous avons appris chacun à notre façon à parer au « Manque » et chacun, à la suite des bobos de son âme d'enfant, a trouvé ses remèdes et inventé ses rêves à venir. Plus les blessures ont été graves, plus l'Amour est mis au rang d'idéal. Les grandes passions sont toujours le fait d'individus qui ont beaucoup souffert et mis tous leurs espoirs dans la rencontre de l'Autre.

Tout le monde sait que cette grande passion est rare et magnifique, mais fragile. Il arrive fatalement un moment où l'autre ne correspond plus aux attentes de l'un. Tout s'écroule d'un coup. La mesure étant prise de la distance entre ce qu'on avait imaginé et ce qui est, à la plus grande flamme va succéder la plus froide des relations. La blessure se rouvre chez chacun des partenaires...

Chaque nouvelle reconstruction amoureuse permet à chacun d'aller de symbiose en symbiose et de rêve en rêve, pour finir la plupart du temps dans une cellule familiale dont je ne suis pas sûre de connaître la constitution finale.

Une telle fringale d'amour et de réparation de notre enfance nous mène de couple en couple. Quarante pour cent des couples éclatent, laissant les enfants le plus souvent avec une femme seule, ou dans une famille recomposée, ou encore dans une famille plusieurs fois remaniée et devenue une famille mosaïque, faite de plusieurs couples et plusieurs enfants, avec des écarts d'âge parfois très importants dans la fratrie, des demi-frères plus jeunes que les neveux. Amalgame problématique qui oblige bien souvent les enfants à sortir de l'enfance avant que d'être adultes, tellement la situation est difficile à supporter.

Voilà bien des questions et pour l'instant bien

peu de réponses. Ce livre voudrait aider à comprendre le chemin si complexe du couple d'aujourd'hui qui aboutit à une société non moins complexe, de plus en plus hétérogène et où la tolérance devient la première des qualités.

Si autrefois le mariage pouvait se passer de l'amour puisque tout avait été organisé dans l'intérêt des deux époux, aujourd'hui le mariage ne repose que sur l'amour le plus spontané entre les individus, donc sur leurs attirances déterminées par l'inconscient. Aucun autre pilier ne soutiendra ce couple qui devra vaincre, avec l'inconscient, toutes les difficultés réelles à venir : disparité de milieu, de culture, d'âge. C'est beaucoup demander à cet « oiseau blessé », comme le chantait Brassens, que nous portons en nous et qui s'appelle Passion.

1

L'obligation d'aimer

Rien de plus vague que l'idée de bonheur, ce vieux mot qui appartient à tout le monde sans que personne ne puisse le situer ni dans un lieu ni dans un état. Rien de plus indéfinissable que le mot « amour » qui hante nos vies de quinze à soixante-quinze ans ! Que de risques accumulés en mettant ces deux termes ensemble comme référents d'une famille que nous voulons stable, aimante et durable !

L'espérance de l'au-delà ayant été remisée au grenier, une nouvelle attente a surgi du côté de l'espérance humaine : être heureux sur terre. Du coup, nous avons fait un inventaire de ce qu'il y avait de plus enviable dans la vie humaine : au premier rang la passion amoureuse, puis la famille, gardienne de cette folle passion entre hommes et femmes, et enfin les enfants qui nous représenteront dans le siècle à venir. C'est du moins ce qui ressort de toute enquête faite sur les valeurs actuelles des Français.

Pour rendre l'amour plus beau, plus spectaculaire, plus essentiel, nous lui avons adjoint le coup de foudre passionnel. Ce faisant, nous avons confondu la passion amoureuse dévorante des amants avec l'amour fidèle et raisonnable des parents qui sous-tendait les familles jusque-là. Elles étaient alors formées de deux individus qui avaient uni leurs destins pour traverser ensemble avec leurs enfants un demi-siècle ou plus... Ils avaient fait tout au début un voyage de noces expérimental (qu'on ne sait où caser aujourd'hui dans le calendrier des mariés...) où la passion physique avait tous les droits pendant quelques jours et loin de tous. Joli début d'une longue vie qui ne serait pas à l'image de ces quelques jours de rêve. Ils le savaient et venaient de passer sans doute le « meilleur », espérant ne pas rencontrer le « pire » avec les enfants à venir...

Nous prononçons toujours ces mêmes mots le jour de notre mariage, mais nos enfants peuvent-ils nous suivre dans le parcours chaotique que nous leur imposons, nous qui avons comme visée première de conserver la passion absolue et dévorante entre nous tout au long de notre vie de couple ?

Autrement dit, le bonheur d'autrefois, assimilé à un « grand lit carré » tout couvert de pervenches, comme le disait Chardavoine au XVIIe siècle, a pris l'allure d'un tout petit instant miraculeux, celui du « petit coin de parapluie » de Brassens. Nos enfants auront-ils la place et le temps de se réfugier sous ce parapluie minuscule ?

Trois siècles se sont écoulés et on chante toujours l'amour. Mais est-ce bien toujours le même ? L'aspiration secrète de chacun est encore et toujours la création d'un couple amoureux. Peut-il pour autant être durable ? Les troubadours privés des charmes réels de leur « dame » n'étaient-ils pas moins blessés que les conjoints d'aujourd'hui ne le sont après quelques jours, quelques mois ou quelques années de jouissance dévoratrice réciproque ?

L'amour d'aujourd'hui ne ressemble guère à celui d'il y a seulement cinquante ans. Les amoureux n'ont plus le temps de réaliser leurs rêves que déjà ils ont consommé tout leur potentiel d'amour, s'échinant à correspondre au mirage proposé par toute une société matérialiste avide de leur imposer ses valeurs : **les choses n'ont d'autre prix que celui de la jouissance immédiate qu'on en retire et l'amour figure au premier rang des jouissances entre deux êtres...** L'amour est donc toujours une valeur dont on peut user et abuser puisque c'est la chose que tout le monde peut atteindre et a le droit d'atteindre, et qui ne dépend que de soi-même.

Les amoureux se mettent donc à vivre ensemble aussi rapidement que possible, croyant trouver là un supplément d'amour et de possession réciproque. Mais ils vont vite découvrir que l'amour de tous les jours est moins solide et s'use davantage que l'amour de toujours !

Les amants ont à peine le temps de voir se faner le temps de la passion qu'ils passent au temps de l'enfantement si vanté dans les médias : « Ah ! Vous avez deux enfants ! Quelle merveille ! Applaudissez Jean-Eric et Faustine ! » Dans la téléréalité quotidienne, le présentateur a comme consigne de faire l'éloge de l'amour et des jeunes enfants avant de nous faire pleurer devant les grands adolescents devenus méchants... On nous chante l'émerveillement d'avoir des enfants –

mais non le souci de les éduquer. Après la merveille tant attendue, il reste le souci pour les amants de tenir le rôle de parents. Il n'est pas seulement question d'« avoir » cet enfant, il faut sacrifier bien des jouissances pour lui.

Les jeunes parents s'aperçoivent alors qu'un enfant, ce n'est pas que du plaisir, et encore moins en pleine nuit ! Où va passer le temps des amants et des roses avec toutes ces épines nouvelles ? Le couple est en fait une structure à double face : sa réalisation sociale oblige les amoureux à vivre leur passion totalitaire au cours d'un face-à-face amoureux extrême et difficile qui met les conjoints en grand danger de perdre leur émerveillement premier. La fusion des corps trop souvent répétée entraîne tout naturellement l'habitude et même l'ennui...

Les systèmes conjugaux évoluent, la définition de la famille change, mais jusqu'à ce jour, aucun système conjugal n'a engendré la permanence du bonheur, sans donner lieu en même temps à l'angoisse de le perdre. Tant l'amour demeure fragile, malgré tous les serments publics et privés... On nous dit et nous répète que la séduction est le ciment de l'amour alors qu'elle n'en est que la forme débutante, et que, si elle en est à l'origine, ce n'est pas elle qui soutient sa permanence.

Nous prenons une peine énorme à entretenir nos charmes. Nous sombrons dans l'angoisse pour quelques kilos de trop ou quelques rides qui se dessinent comme si nous devions garder toute notre vie l'aspect de la jeunesse. C'est bien cela qui nous tracasse d'ailleurs : à tout âge il faut paraître jeune pour plaire. Il est vrai que, depuis quelques années, la beauté est au deuxième rang des valeurs sacrées d'aujourd'hui, ce qui pousse les hommes et les femmes à tomber dans le « jeunisme », malgré leur âge qu'ils n'osent plus accepter et encore moins revendiquer.

Si nous imaginons le bonheur dans le couple, nous ne le voyons qu'accompagné de l'« éternelle séduction ». Il nous faut sans arrêt veiller à l'entretenir, ce qui ne s'avère ni romantique ni facile ! Ainsi le bonheur nous paraît aujourd'hui soumis à un équilibre difficile entre l'« être » de chacun et la séduction dépendant du regard de la société qui prend pour repère celle des *people*. Quant à ce qu'il faut « avoir », ce sont les normes actuelles d'esthétique établies en fonction de la jeunesse, voire de l'adolescence. Répondant à la soif de consommation et de jouissance qu'entretient l'idéologie mercantile actuelle, tout peut s'obtenir, même ce dont la nature ne nous a jamais gratifiés, mais tout ne peut être acquis qu'au prix fort.

Il n'est pas de beau discours sur l'amour qui ne tienne compte des conditions matérielles dans lesquelles vit le couple. On nous parle sans arrêt du pouvoir d'achat du couple, de son habitat et de son environnement, du niveau d'épanouissement du « soi » et de l'esthétique de chacun. **Dernière trouvaille de ce nouveau siècle, c'est la clause la pire parce que la plus difficile à atteindre : l'esthétique ne va pas toujours de soi !** Ses règles préétablies vont souvent à l'inverse de ce que sont naturellement les individus : poids, taille, pilosité, cheveux, nez, menton... sont devenus des tortures permanentes pour beaucoup d'entre nous.

Voilà notre bonheur pris entre deux forces extérieures à nous et qui peuvent l'étrangler à force de vouloir plus d'amour encore. La séduction embarrasse quotidiennement notre vie et le niveau de vie idéal apparaît aussi difficile à atteindre que la ligne bleue des Vosges. Nous vivons dans une société dont le matérialisme conditionne notre façon de vivre, nos rêves d'amour et notre conception du bonheur personnel. Celui-ci se retrouve soumis au baromètre de la norme... avec statistiques et enquêtes à l'appui. Avant même que de l'éprouver, nous savons quelle sorte d'amoureux nous serons !

Le Moyen Age nous paraît bien lointain avec ses cours d'amour et ses troubadours dont la grande sagesse consistait à situer le bonheur « ailleurs » que dans le lit de la dame de leurs pensées.

Mais au siècle des Lumières, avec l'avancée des découvertes scientifiques, l'homme se rapproche de la réalité et se dégage de la menace de l'univers. Il commence à imaginer son pouvoir sur sa vie propre. Le bonheur descend sur terre et commence à faire parler de lui, car on vient de découvrir les moyens d'influer sur notre propre environnement et donc sur notre propre vie. Dieu ne gouverne plus seul le monde ni le bonheur des hommes.

Le couple du XIe siècle, issu d'une morale religieuse et castratrice, peut au XVIIIe siècle s'établir comme pouvant participer au bien-être des partenaires. Rousseau nous parle d'amour dans le couple et de l'aptitude des humains à être heureux et à créer des conditions propres au bonheur social de tous, premier appel au bonheur « naturel » et première erreur qui nous fait aussitôt envisager un bonheur « modèle unique » pour tous.

Le but n'était-il pas de créer l'égalité et la fraternité entre tous les êtres en vue de l'avènement du bonheur pour tous sans distinction ni de milieu ni de biens ? Les moralistes et philosophes imaginèrent que la famille pouvait reposer sur un « contrat » social reposant sur la bonté et l'égalité de tous et pour le bien de tous. Rousseau fut le premier à parler d'amour selon son cœur et non selon son intérêt ou celui de sa famille, et il ne sera pas le dernier !

La Révolution ne fit qu'aller dans le sens de cette liberté de l'individu et de son engagement personnel et libre. Condorcet écrivit alors : « Un seul instant a mis un siècle de distance entre l'homme du jour et celui de demain. » Mais le bonheur érigé en théorie par certains d'entre nous paraît dans bien des cas commencer par le malheur de beaucoup ! L'expérience du marxisme au

XXe siècle prouve que **le bonheur ne repose pas sur la loi établie par le pouvoir du moment et ne relève en aucun cas d'une loi générale**.

N'en va-t-il pas de même avec l'échec si fréquent du couple, premier objectif parmi les jouissances à atteindre aujourd'hui, et où presque plus rien n'est laissé au hasard ni à l'invention des partenaires ? Il suffit de consulter les statistiques sur la sexualité, le nombre de dîners intimes et de voyages de noces organisés selon la norme de l'amour réussi tel que le voient les médias et, derrière eux, le consortium de marchands de bonheur qui les manipule.

La passion est souveraine, nous dit-on et Eros (le désir) semble avoir remplacé la Grâce qui permettait au couple chrétien du Moyen Age de durer. Aujourd'hui le miracle du désir et du plaisir sexuel semble avoir délogé les dieux de l'Olympe mais aussi celui de l'Ancien Testament : il suffit de s'aimer et de connaître toutes les règles qui s'attachent à la passion pour atteindre la béatitude sur terre.

Nous avons bâti le couple sur cet amour passion, défini comme le plus beau et le plus rare, mais qui est aussi le plus « inconscient », donc le plus dangereux, car il ne tient pas compte de la longévité future et s'appuie plutôt sur les manques inconscients immédiats de chacun des partenaires. La vie de la famille repose sur cet amour-là et doit durer infiniment plus longtemps que ce bref instant de rencontre où l'homme et la femme traversent l'oasis éblouissante de l'amour passion dont ils pensent garder le charme toute la vie durant...

C'est cet amour passion qui « passionne » aujourd'hui. Plus les amoureux partent d'horizons différents, mieux les médias participent à la réussite de leur couple. L'intérêt de millions de Français pour le roman impossible du *Loft* en témoigne... Chaque téléspectateur semble à l'affût de voir si l'amour peut sortir triomphant dans toutes les conditions, afin de s'endormir en imaginant que son propre amour est semblable à celui des autres. C'est comme si, à travers les rites et les variations de l'amour, l'individu cherchait à s'identifier à l'autre, comme si l'individualité et la créativité de chacun étaient mises entre parenthèses et comme s'il fallait le miroir de la télévision pour se découvrir soi-même.

Cette obligation à jouir de tout et comme

tous met au programme du couple le devoir de profiter l'un de l'autre de toutes les façons possibles. Ajoutez au plaisir sexuel la variation des positions (même si cela vous paraît atrocement difficile, ridicule ou ennuyeux). Ensuite alliez au plaisir de la nuit les jouissances de la réussite sociale du jour. Ajoutez un zeste de bébé. Et vous aurez, aux dires de tous, atteint au maximum des jouissances du nouvel évangile d'aujourd'hui qui repose sur le libéralisme social, le plaisir sexuel, la liberté d'avoir un bel enfant. Voilà les trois échelons à franchir pour atteindre le bonheur dans la philosophie d'aujourd'hui... Et les individus appartenant à la caste des *people* sont au sommet de la pyramide puisqu'ils ont l'argent qui permet d'avoir les moyens de tous les désirs (sauf l'amour qui, dépendant de la séduction, ne résistera pas en l'absence d'affinités d'âme).

Pour atteindre les trois premiers échelons du bonheur actuel, nous sommes prêts à devenir des sauvages, sous l'empire de notre seul désir qui nous mène toujours plus loin, jusqu'à écraser l'autre, l'étouffer, le tuer parfois, le torturer si cela peut être source de plaisir pour nous...

C'est ainsi que ce siècle sera « ogresque » ou ne sera pas... L'amour, qui est une figure du bonheur, n'échappera pas à cette dévoration-appropriation qui envahit notre environnement le plus proche. Il y a de quoi se poser quelques questions sur l'amour et la famille à l'orée de ce XXIe siècle !

2

Qu'est-ce que l'amour ?

L'amour était déjà pour Platon, dans l'Antiquité, ce qu'on n'avait pas et que l'on croyait trouver chez l'autre. C'est-à-dire qu'en rencontrant l'amour on se sentait comblé. Mais que rencontrait-on chez l'autre ? Pascal parlera de qualités à aimer, mais quelles qualités nous ravissent l'âme et enflamment notre cœur : celles qu'a l'autre ou celles dont nous manquons ? Le mot plaisant de Lacan : « Aimer, c'est offrir ce que l'on n'a pas à quelqu'un qui n'en veut pas » doit être remanié en fonction du « vouloir » qui chez les amoureux est à double sens : « Aimer c'est offrir ce que l'on n'a pas à quelqu'un qui ne l'a pas davantage. » Aimer c'est comprendre le manque de l'autre, mais pas forcément pouvoir le combler.

Pour le philosophe comme pour le psychanalyste, le désir amoureux est ce qui fait « vivre » et se perpétuer l'humanité parce qu'il nous pousse inconsciemment à chercher le partenaire idéal grâce auquel nous vivrons heureux. Mais **le désir a un devenir très particulier : étant comblé, il disparaît** et, quand les amants veulent expliquer ce sentiment étrange de complétude ressentie au départ, ils ne savent que dire : « C'est parce que c'était elle, c'est parce que c'était moi » ; imaginant qu'ils ont chacun rencontré l'être unique qui était le seul à pouvoir les compléter. Ils laissent de côté ou ignorent complètement qu'ils avaient une multitude de compagnons possibles et que le hasard leur a fait rencontrer Lauranne ou Pierre ce jour-là. La chose pourrait donc se reproduire... Mais pour l'instant ils sont tout à la fascination d'avoir rencontré la « femme (l'homme) de leur vie » et sont plongés dans le plus étrange sentiment de se connaître déjà ou de se reconnaître.

En effet, lorsque le souhait inconscient rencontre un visage, il apparaît sous forme d'un visage attendu, unique, distingué entre tous. Ce n'est pas n'importe quel visage et il y a sur ce visage quelque chose de repérable qui se marie tout de suite à notre rêve inconscient sans que nous nous en rendions compte ni consciemment ni directement. Ce peut être une couleur d'yeux ou de cheveux, une pilosité plus ou moins importante, une odeur plus ou moins acide, associée aux phéromones de cet individu, un air plus ou moins tendre, une allure plus ou moins décidée et mille petits détails signifiants qui font que notre inconscient allie immédiatement la perception d'aujourd'hui à celle d'autrefois et l'expression de la personne rencontrée à celle de quelqu'un de bien antérieur à ce jour.

Sur ce visage, sur cette façon d'être, nous greffons immédiatement tout ce que nous avons perdu en quittant la symbiose avec le parent bien-aimé (celui avec lequel nous avons vécu l'amour œdipien) et tout ce que nous attendions depuis si longtemps de retrouver... Nous idéalisons ce sujet comme parfaitement similaire ou complémentaire de nous-mêmes, comme nous le ressentions avec nos parents ; nous le « reconnaissons » alors que c'est la première fois que nous le voyons ! **Même à l'âge adulte, notre inconscient porte la marque, à l'endroit de l'amour, d'une certaine fixation amoureuse archaïque venant**

de l'amour vécu avec nos parents. Et c'est par cette fixation que s'exerce le fameux coup de foudre que nous ressentons tous un jour ou l'autre.

L'amour vient obturer de cette façon le vide créé dans l'enfance par la distance prise avec nos parents, avant de devenir nous-mêmes des sujets, et si nous ne tombons pas réellement amoureux dans le jeune âge, c'est parce que nous sommes alors encore trop pris dans la relation d'objet avec nos parents. Les amours enfantines de trois à cinq ans ne sont que des simulacres charmants de ce que l'enfant aimerait nouer avec ses parents...

Depuis le stade du miroir (huit mois environ) où nous avons émergé de la symbiose avec notre mère pour découvrir la solitude et le manque de l'autre, nous n'avons cessé d'échafauder des rêves qui nous rapprocheraient de ces êtres qui nous dispensaient l'amour primaire. Après tous les rêves d'identification infantiles qui ont bercé nos premières années, nous arrivons à l'adolescence. L'apparition des hormones et de notre véritable sexuation nous impose de choisir un objet différent de l'objet œdipien parental et nous allons vers l'autre, croyant inaugurer une nouvelle relation qui ne reproduira pas celle que nous avons connue dans l'enfance. et surtout une relation d'extrême proximité, comme si nous avions toujours souffert d'interdit corporel dans notre enfance : il est vrai que l'interdit œdipien nous a protégés de l'inceste, et nous a ouvert le champ d'un autre rêve amoureux, possible celui-là, celui d'aujourd'hui...

L'amour vient alors se poser comme le rêve idéal d'une rencontre d'un être différent de nous mais non interdit cette fois-ci. **L'amour, c'est la réalisation du fantasme primitif d'une seule identité pour deux, comme l'était l'unicité première avec la mère ou le père** : à partir du coup de foudre il n'y a plus de « je » mais un inséparable « nous ».

Miraculeusement, alors, toute disparité avec cet être élu vient à s'effacer et va se transformer en similitude, assortiment, complétude, qui font de cet amour tout neuf une nouvelle et merveilleuse symbiose abolissant définitivement la séparation infantile d'avec le parent. Et ceux qui ne sont pas arrivés à décrocher de leur parent œdipien en restent prisonniers. Ils ne peuvent jamais tomber réellement très amoureux, leurs amours restant toujours déterminées par un autre amour (inconsciemment refoulé et donc secret, y compris pour eux-mêmes).

Le rêve amoureux se trouve couronné par la rencontre physique dans la symbiose des corps, car le désir est le lieu même de ce qui n'a pas été encore rempli dans la vie chez le jeune enfant. La passion vient unir deux amoureux qui se sentent similaires parce que partageant le même désir de fusionner avec l'autre... « Depuis le stade du miroir où nous avons émergé de la symbiose avec la mère et découvert la solitude, chacun de nous attendait cet autre moment qui annulerait la dualité et rétablirait l'unité première. L'amour c'est la tentative de repasser le miroir dans l'autre sens, c'est annuler la différence, c'est renoncer à l'individu au nom de la symbiose enfin retrouvée », ai-je écrit déjà [1].

Au début d'une histoire d'amour on s'identifie à l'autre comme si on avait toujours porté en soi l'image de l'homme ou de la femme de sa vie et

1. *Les Enfants de Jocaste*, Denoël, 1980.

que rêve et réalité se rencontrent pour ne faire qu'un. On retraversera cette illusion uniciste à chaque rencontre amoureuse et on se souviendra toute sa vie de ce sentiment « unique » d'avoir ressenti la présence de l'autre comme profondément intime : un émerveillement hors du commun.

Cette étape est nécessaire à la plupart des gens qui décident de vivre en couple puisque c'est grâce à ce sentiment intérieur et puissant de ne plus être seuls que nous arrêtons une décision aussi hasardeuse que celle de se mettre à vivre « ensemble ». On croirait qu'on est né pour traverser la vie ensemble alors qu'on se connaît à peine...

On imagine que ces deux-là ont été créés pour partager leur vie. Ce ne sont plus des enfants ! Après tout ils sont majeurs et adultes ! Mais, hélas, quelqu'un devient-il jamais vraiment adulte à l'endroit de l'amour ? C'est à cet endroit que nous sommes le plus vulnérables car le plus étrangers à notre propre « moi » : on peut apparaître comme mûrs sur le plan professionnel et sociologique et ne pas l'être sur le plan de l'intimité (on a un exemple d'une telle dissociation chez l'adulte adapté d'aujourd'hui qui parfois coexiste avec un pervers pédophile trimballant avec lui ses traumatismes d'enfant).

C'est à cette ignorance de nous-mêmes que nous devons d'éprouver ce sentiment miraculeux du coup de foudre qui nous aide tant à bâtir notre famille. Une fois que celle-ci est fondée, tout va-t-il pour autant de soi ? Les deux partenaires enfin complétés deviendront-ils adultes ou vont-ils se comporter en éternels enfants, chacun reprochant à l'autre de se conduire de façon immature ? Au bout de quelques mois (deux ans environ) de bonheur fusionnel, les amoureux redescendent de leur planète inconsciente et chacun retrouve le chemin sur lequel il était lors de la rencontre... Ils retrouvent leur « moi » originel qui les fait s'opposer au « moi » de leur conjoint, ce qui entraîne les premières vraies disputes. Car elles ne parlent plus de « nous », mais de « toi » et « moi » !

Le reproche sera d'autant plus amer qu'il s'agit d'un couple disparate ou mixte, car leurs façons de vivre n'étaient pas les mêmes et leurs manières de s'exprimer non plus. Ce qui avait été vu comme original et charmant devient insupportable. Toutes les combinaisons psychiques peuvent se rencontrer : d'une culture à une autre, d'une langue à une autre, d'une religion à une autre, d'un milieu à un autre.

Tout est-il mort pour autant entre les amoureux parce que l'amour est devenu tendre évidence et pratique journalière ? N'était-il pas inévitable qu'un jour comme la belle au bois dormant ils se réveilleraient ? Dans ce moment difficile, chacun se met à se demander brusquement avec qui il s'est mis en couple, s'il a bien compris l'autre, s'il ne s'est pas trompé dans son choix, s'il ne faut pas tout réviser ou tout plaquer parce que ce n'est plus tellement aisé de rester là dans cette distance inattendue... En fait, ils ont « évolué » tous les deux. **C'est alors que la communication par la parole prend le pas sur la communication par le corps et que les mots se mettent à jaillir pour exprimer la différence ressentie d'avec l'autre.** Malheur à ceux qui se sont épousés au nom du seul désir physique, car l'arbre leur a caché la forêt de tous leurs autres désirs qui parfois différaient... Ces désirs, cette façon de vivre qui étaient les leurs avant la rencontre, vont réapparaître à ce moment-là au sein du couple.

Mariés depuis deux ans ou même moins, avec un enfant ou pas, les époux trouvent le coït répétitif et plus du tout démonstratif de la passion amoureuse. L'apport narcissique unique et réparateur de cet acte a fait place à une satisfaction journalière agréable et due, « irrémédiablement due », puisqu'on est mariés devant tous. Donc tenus à n'avoir comme seul partenaire que son conjoint et lui seul !

Le désir a comme caractéristique première dans le couple de contribuer à sa formation, mais aussi à sa dislocation. Quand il devient moins brûlant, chacun se met à se poser des questions non pas sur lui-même, mais sur l'autre, par effet de projection. En effet, le mal est toujours censé inconsciemment venir du dehors, donc de l'autre partenaire.

Chacun se posant des questions sur son conjoint et ne trouvant pas la réponse dans ce petit jeu intérieur d'inquisition à propos de l'autre préfère se comparer aux autres couples : que deviennent les autres ? Peut-être y a-t-il une solution ailleurs, par exemple dans les journaux, qui posent éternellement la question : « Combien de fois les gens font-ils l'amour dans la semaine ? le mois ? ou l'année ?... » Question ridicule car elle ne s'appuie sur aucun échantillonnage valable, dès lors qu'on ne sait pas depuis combien de temps le couple vit ensemble, ni quelle était la confrontation inconsciente entre les partenaires, c'est-à-dire quel rôle chacun était déterminé à remplir dès le départ de par sa personnalité même.

Les statistiques tenant compte de l'état de mariage ou de concubinage et de l'âge des conjoints sont encore ce qu'on peut faire de plus approchant, mais en sont exclus la couleur particulière de chaque amour et son point d'évolution. Non, l'état du couple ne peut pas se comptabiliser en coïts ! Ni pour ce couple inquiet ni pour aucun couple qui est chaque fois une entité différente...

Mais revenons au désir du départ : pas de désir sans un « manque » à remplir. Quand le désir a trouvé le moyen d'obturer le manque, l'individu croit avoir trouvé l'« objet » qui le comble et c'est la fameuse déclaration d'amour qui nous charme tellement : « Tu es la femme de ma vie » ou : « J'ai rencontré enfin le prince charmant. »

Cette fusion amoureuse et sexuelle qu'ils veulent parfaite et éternelle ne saurait durer autant qu'ils le souhaitent car, au sein même du coït, vient se glisser insidieusement **l'essoufflement d'un désir qui laisse apparaître de nouveau l'insatisfaction, puisque la caractéristique même du désir est de ne pas pouvoir être satisfait et de nous pousser toujours à autre chose. C'est ce qu'on appelle faire des projets ou vivre !**

C'est pourquoi, alors même qu'ils sont ensemble depuis plusieurs mois ou années, certains partenaires, lassés de leurs pratiques journalières, cherchent à retrouver sous d'autres formes la surprise et l'émerveillement des premiers jours. Ils essayent d'imaginer des solutions inédites pour revigorer le rapport sexuel et en faire encore et toujours un lieu de surprise et d'étonnement. Ils décident d'innover quant à la technique, allant du changement de position en ayant recours au *Kama-Sutra* ou à un autre recueil au service de l'amour, ils passent au changement de partenaire et vont jusqu'à multiplier les partenaires avec la permission et parfois la participation de l'un ou des deux (échangisme). Sadisme, voyeurisme, masochisme, identification à l'autre, entrent alors en jeu, transformant le sens de leur amour et les faisant passer de la plénitude inconsciente et spontanée à la jouissance volontaire et organisée.

On est là pour la plus grande jouissance, nouveau but pour le couple ; le miracle s'en va et laisse la place à des méthodes qui réveillent les amants, mais qui, en jouant sur des fantasmes infantiles de toute-puissance sadique (rattachés au stade oral ou anal), ne rapprochent pas forcément toujours les époux. **L'idée de fusion et de merveilleux cède la place au voyeurisme et au sadomasochisme, érigés sur la place publique en remèdes au désenchantement des amoureux.** Et la confiance profonde s'efface devant la jalousie provoquée par des actes jamais imaginés et difficiles à tolérer avec un tiers !

Chaque partenaire au cours de ces pratiques va retraverser son histoire œdipienne inconsciente et donc la jalousie refoulée vis-à-vis du parent bien-aimé de sexe opposé, auquel il a fallu renoncer en l'honneur de l'autre parent.

L'homme s'empresse de vouloir sadiser et punir la femme en souvenir de la trahison de sa mère avec son père, et la femme s'efforce d'accepter cette nouvelle trahison venant du père ! Chacun ne semble avoir gardé que le substitut sexuel de cette scène, et chacun doit garder de son côté les surprenants fantasmes qui l'envahissent au moment du rapport sexuel, sinon la distance inconsciente nécessaire entre amants se trouve insuffisante pour protéger l'ambivalence et l'identité secrète de chacun des partenaires.

C'est devant le refus de « faire l'amour » que chacun des amants va s'affoler en comprenant qu'il n'est plus pour l'autre l'objet idéal... Au sortir de l'ère de la fusion corporelle, le piège du couple est là : dans tout acte d'amour il y a un don de sa jouissance à l'autre mais si, tout à coup, le don est refusé, **ce refus est interprété par chacun dans le sens de son économie personnelle infantile. Chacun se met donc à détester l'autre qui ne lui apporte plus de quoi panser ses blessures infantiles.**

Deux amoureux en consultation me confient un jour : « Je ne veux plus qu'on m'exclue », dit Paul ; « Je ne veux plus être celle qu'on abandonne », dit Ariane. C'est ce qu'on appelle un amour fait de similarité ! Mais après une magnifique fusion pointe le « moi » blessé de chacun sous forme d'accusation : « Elle me cache un tas de choses ! » dit-il, et elle, de son côté : « Il ne fait aucune attention à moi, j'ai l'impression de ne plus avoir d'importance pour lui. » Le soir, au lit, sur le même oreiller, chacun rumine son exclusion ou son abandon d'autrefois, et ils ne peuvent arriver à aucun simulacre de ce fameux orgasme qui leur échappe.

Car il n'y a pas de coït réussi sans confiance réciproque dans le couple. Les amoureux s'étonnent d'une chose et d'une seule : ce qui les avait sauvés du malheur infantile (le coït vu comme symbiose réparatrice) est en train de disparaître et de laisser le champ libre à leur malheur d'autrefois ; ils évoquent d'emblée l'arrêt ou la raréfaction de la relation sexuelle, ne voyant qu'une chose grave : ils sont en train de perdre la jouissance l'un avec l'autre. Et ils en concluent que c'est l'amour qui a disparu !

Ils ne savent pas que la distance sexuelle est proportionnelle à la distance entre les deux ego qui sont en train de réapparaître. Il leur suffirait peut-être de s'expliquer et de se dire ce que chacun ressent depuis le jour où la grande scène du III a eu lieu entre eux. Mais surtout quelle a été l'autre scène infantile réapparue consciemment à ce moment-là. Cela permettrait de faire la part entre les problèmes actuels et les réminiscences de la scène infantile où un parent leur avait parlé avec les mêmes mots qu'ils avaient ressentis de la même façon...

Vous qui lisez ces pages, vous avez éprouvé un jour ou l'autre cette rancune intérieure qui joue tant sur le désir parce qu'elle s'attaque à la surdité de l'autre, à sa disparité... Il est inutile d'attendre que les choses s'arrangent par le hasard ou au cours d'une soirée un peu arrosée, car ce ne serait que très temporaire. Là, une prise de conscience est nécessaire du côté du partenaire en panne : il y a quelque chose qui est en colère et agit en lui : son sexe refuse à sa place de reconnaître le désir de l'autre. Quand le corps s'arrête, c'est en général que l'esprit est déjà bloqué : **le corps est le lieu de manifestation de nos pensées mais n'en est pas le siège**.

La plupart du temps, le couple pense avant tout à réparer la fonction sexuelle, ignorant qu'elle est sous la commande de l'inconscient et que c'est à lui qu'on doit donner la liberté de s'exprimer (de préférence chez un thérapeute...) si on veut que le cours normal des choses reprenne. Il n'y a qu'une chose à faire : progresser ensemble dans une thérapie de couple dès que la faille se montre sur ce mode.

3

Le face-à-face

Le face-à-face débute lorsque les amoureux, poursuivis par leur fantasme de ne faire qu'un, décident de s'installer ensemble, pensant à partir de ce moment ajouter ainsi à leurs ébats sexuels la tendresse de tous les instants. Certains se connaissant depuis plusieurs mois et d'autres ne se connaissant qu'à peine, ils pensent que cette expérience de cohabitation va enrichir leur vie et faire fleurir leur amour, sans deviner le piège secret que contient la vie en commun.

Le désir inconscient est toujours proportionnel à la distance qui a pour effet de renforcer les fantasmes de chacun, donc l'idéalisation de la rencontre. Plus le couple se rapproche dans la réalité pour vivre une exclusive amoureuse, plus la couleur désirante de la relation va changer.

Le *deal* est alors celui-ci : le désir qui les tenait

ensemble de façon symbiotique va-t-il trouver son compte dans cette vie en commun ? Dans cette confrontation de deux êtres différents qui vont se frôler sans arrêt, la pulsion fusionnelle va-t-elle rester la même ? Ne va-t-on pas tuer le désir en le mettant en cage ?

Tant que le désir reste non satisfait dans des rencontres trop brèves, il laisse le goût de la faim. Il demeure ce brûlant appel de l'intérieur qui constitue le lien amoureux fait d'attente et de souhaits de retrouvailles. Passer de ce fantasme de symbiose à sa réalisation nous entraîne vers la symbiose perdue de l'enfance. Les amoureux renoncent volontiers à l'individualité durement acquise de l'adolescence pour vivre une symbiose de tous les instants : c'est l'amour fou ! Ils ont l'impression de n'être qu'une seule personne, qu'un seul corps et ne rêvent que d'être collés ensemble, tous les autres familiers ayant disparu de leur horizon. « Les amoureux sont seuls au monde ! »

Mais nous avons vu que la caractéristique du désir inconscient est double. D'abord il nous pousse à rechercher celui (celle) qui nous complétera et à nous établir dans un face-à-face unique avec cette personne. Cela étant réalisé, le désir ne reste pas inactif et, après une période de symbiose des corps et des sentiments qui les a poussés à vivre une seule vie pour deux, il va entretenir chez les deux amoureux le mythe de la passion brûlante. Cela est-il possible alors que chacun dispose de l'autre à volonté et qu'ils ne souffrent d'aucune distance ? **Même la passion la plus folle s'épuise dans une consommation devenue obligatoire et journalière...**

Alors, après s'être aimés infiniment, ils commencent à se chiner gentiment sur leur façon personnelle de ne pas « fermer les portes », ou de « jeter les papiers hors de la poubelle », de « laisser traîner leur veste sur la chaise », ou de « jeter en arrivant leurs chaussures en plein living », etc.

Cela n'est qu'un début car, progressivement, ils vont être mis face à leurs différences et vont passer à des reproches plus acides qu'ils ressentent **comme des coups de couteau dans un contrat de non-belligérance** qui régnait secrètement entre eux depuis le premier jour afin de protéger leur tendre amour... Ils vont alors incriminer chacun les parents de l'autre comme coupables des habitudes actuelles de monsieur ou de madame ;

cela ressemble à un drôle de procès dont les coupables seraient absents, et on évite ainsi de s'attaquer au conjoint ! « C'est comme cela que tu mettais la table chez toi ? », ou « Ta mère ne t'a jamais dit que des chaussures, ça se cirait ? », ou « Tu devais avoir une salle de bains pour toi toute seule chez tes parents ! Où est-ce que je me rase moi ? » Tout cela reste, semble-t-il, au niveau de la galéjade pendant qu'en tapinois l'amour fusionnel qui emplissait tout l'espace entre eux se réfugie peu à peu au fond du lit conjugal, préparant la première crise du couple.

Le désir ne meurt pas avec le choix d'un partenaire, mais plus on se rapproche, plus il devient capricieux et aléatoire et plus la différence entre les personnes devient éclatante !

Après une véritable scène avec Justine, Bruno se demande s'il l'aime toujours autant. De son côté, elle s'interroge sur sa séduction auprès de lui. Or tout ce qui était là le premier jour est toujours présent entre eux, et si elle est toujours aussi attentive et tendre, et lui toujours aussi bouillant et prêt à la moindre occasion à la prendre dans ses bras, il s'est établi entre eux une manière tacite de **supporter leurs différences**, dont ils ne veulent surtout pas parler, sinon par des mentions « chez toi », ou « on ne t'a jamais dit... », ou « dans ta famille... ».

Ils se regardent moins car ils se connaissent par cœur, et ils se parlent moins car les mots d'amour ne sont pas toujours les premiers à surgir. Parfois un dangereux silence s'installe, avec l'angoisse de ne plus rien avoir à faire ensemble alors qu'ils n'ont jamais été aussi proches l'un de l'autre dans l'espace. Ils commencent à observer le petit monde des autres couples et vont jusqu'à imaginer un autre objet d'amour, se mettant en danger de rencontrer cet autre amour qui, sous une forme différente, pourra apparaître idéal, alors même qu'inconsciemment il est souvent semblable à celui d'aujourd'hui... Mais puisqu'il est hors du champ amoureux réel, il apparaît comme plus désirable.

La fidélité n'est pas facile et le couple, depuis qu'il est régi par la loi unique de la passion la plus extrême, par la pulsion de dévoration de l'autre, est extrêmement fragile.

Il y a seulement cinquante ans, encadré par

un statut institutionnel, le couple apparaissait comme une union sacrée. L'adultère, absolument exclu, n'était pratiqué que dans le plus grand secret... Nos rois de France eux-mêmes avaient recours à bien des intrigues pour tromper une reine épousée sans amour pour l'intérêt du pays, sans éveiller les soupçons de l'Église et sa condamnation.

Nous différons des animaux dans nos désirs et nos choix bien souvent hors normes, parce que nous demeurons toujours **sous le gouvernement de notre inconscient et non pas de notre instinct**, ce qui fait de nous des partenaires très sélectifs dans nos choix amoureux. Chacun tâche de trouver l'objet le plus adéquat à sa propre névrose. Depuis le milieu du XXe siècle, la passion la plus folle mène la famille. Celle-ci se retrouve en perdition entre les déferlantes de deux inconscients qui s'affrontent de façon mortifère tout en ne voulant conserver comme remèdes que la jouissance et l'orgasme.

En moins de cinquante ans et du fait de l'explosion industrielle, les familles ont éclaté géographiquement. Le couple qui se constituait par proximité dans un périmètre familial (lieu de confiance et de parole) a disparu. Les amoureux n'ont d'autre lieu de retour et de régression que leur propre couple, chacun prenant l'autre comme confident. D'où des regrets, des reproches et des rêves insensés qui viennent parasiter la relation et sont bien difficiles à dépasser le soir au moment de la réconciliation.

Dans ce difficile itinéraire, tout repose donc sur l'évolution intérieure des individus au sein du couple, chacun cherchant, quand il se sent en perte de désir, à rétablir la communication par l'instant fusionnel du coït, qui devient ainsi le dangereux pivot de l'union de la famille.

S'ils n'ont pas hésité à prendre ce minuscule appartement (qui aurait paru invivable à tout autre), c'est bien parce que, inconsciemment, ils se voyaient ne faisant qu'un et occupant à deux une seule chaise, un seul lit, une seule cuisine microscopique. Rien ne les a arrêtés : c'est clair, il faut être collés l'un contre l'autre pour se dire qu'on n'occupe qu'une seule place et qu'on n'a qu'un seul cœur !

Mais ce qui leur est apparu comme merveilleux au temps du commencement va peu à peu se transformer en difficulté, car la liberté du désir fondamental n'y est pas respectée.

Chacun réalise que ce qu'il est et ce qu'il veut se heurte à la volonté d'en face. Ne pouvant s'échapper l'un de l'autre, les deux partenaires vont avoir recours à des aménagements, des mots de passe qui ne donnent tort à personne, mais ne sont satisfaisants ni pour l'un ni pour l'autre. Le chemin de la passion, itinéraire totalement inventif et spontané, se transforme en rendez-vous obligé du couple chaque soir (encore heureux s'ils ne se confient pas leurs fantasmes réciproques et qu'ils gardent pour eux la seule chose personnelle à conserver dans cette crise).

Les époux saturés l'un de l'autre songent que, pour ne pas être obligés de se frôler sans cesse, il faudrait de la place pour s'éloigner et vouloir à nouveau se rapprocher... Toute la journée séparés par leur travail, ils rêvent chacun, seul et loin de l'autre, de ce qu'ils vont dire ou faire pour restaurer l'unité perdue depuis des heures et chacun imagine à sa façon la revoyure ! L'une (la femme) rêve de tendres déclarations qui lui ont manqué dans son Œdipe avec le père et l'autre (l'homme) de folles étreintes qui lui ont été refusées avec la mère.

Comme ils viennent d'être séparés pendant de longues heures, ils ont besoin en arrivant de réparer l'absence soit avec des mots, soit avec des gestes... mais ils se heurtent aux mots qui ne sont pas les mêmes, se trompent de gestes parce qu'ils ne partagent pas des désirs identiques, et s'en veulent pour des blessures qui rappellent à chacun son enfance. Nul besoin de trouver dans la réalité le réfrigérateur vide, la bouteille d'huile terminée, ou la fenêtre ouverte ! C'est pour une vétille qu'ils vont se disputer. Il faut une rare maîtrise de soi pour ne pas être irascible lorsqu'on sort de sept ou huit heures de travail et que brusquement tout n'est pas parfait !

Et ils en viennent à s'invectiver pour un rien qui n'est que le symptôme de leur amour déçu, chacun reprochant à l'autre de ne pas avoir pensé à sa manière à lui (dépendante de son propre affect d'enfant). Tout cela pour un paquet de sel ? Non : tout cela parce que l'amour est très exigeant et, s'il tolère l'absence, il n'attend en retour que la fusion la plus parfaite. Comment peut-elle se vivre alors que chacun, frustré de quelque chose qu'il ne trouve pas chez l'autre, s'estime blessé par le comportement de son partenaire qui lui-même ne réagit qu'en fonction de sa propre problématique inconsciente ? Comment pourrait-on s'embrasser comme si on s'appartenait, alors qu'au fond chacun s'est replié sur son propre « manque » et s'estime incompris de l'autre ?

Pourquoi autrefois n'en venait-on pas si vite aux disputes ? Parce que, dans le modèle bourgeois traditionnel, madame ne travaillait pas à l'extérieur et qu'elle avait le temps de préparer le retour parfait de monsieur son mari, qui pouvait alors faire état de sa fatigue (que l'on considérait jusqu'au début de ce siècle comme très importante en comparaison de la fatigue des femmes restées à la maison). Les choses ont bien changé ! Les femmes travaillant autant que les maris, personne n'est prêt à se sacrifier pour offrir une tendre régression à l'autre. Chacun s'écroule sur sa chaise, souhaitant ne plus faire un pas, et c'est là que les tiraillements entre les partenaires apparaissent. Cédera celui qui est le moins fatigué nerveusement. Il n'y a plus de place spécifique ni pour l'homme ni pour la femme...

Ont-ils fait une erreur en se mettant à vivre ensemble ? Ont-ils rompu le charme des retrouvailles ? C'est un des angles de réflexion quand on parle de la longévité du couple. On a constaté que certains couples résistaient fort bien à l'absence, alors que la cohabitation constante les amenait rapidement au divorce. D'où l'idée américaine qu'il faudrait faire un voyage de noces chaque fois qu'il y a dissension dans le couple ! Cela permet de ranimer l'amour pour quelques jours, mais ne règle en rien les problèmes. On n'a fait que les mettre de côté le temps d'un long baiser. Il suffit de regarder *Les feux de l'amour* et on a un bon aperçu du rêve américain que trop de jeunes femmes prennent comme modèle.

Vous allez me dire que tout le monde ne peut pas vivre selon ce modèle luxueux et puéril. Je vais vous répondre que, au moment où la passion s'assagit entre les époux, il existe d'autres moyens et d'autres chemins menant à une autre façon de vivre ensemble, et que si le coït ou la bulle primitive apparaissent comme l'obsession des amoureux d'aujourd'hui, c'est qu'ils sont poussés par toute une société qui veut les voir s'aimer encore et encore. Car la société dévoratrice d'aujourd'hui se nourrit non seulement du plaisir individuel mais aspire également à partager celui des autres. C'est ainsi que voyeurisme, échangisme et sadisme sont entrés dans la danse de l'amour depuis quelque temps...

D'abord une question : pourquoi s'être enfermés ensemble et coupés de ses proches parce qu'on s'aime ? Pourquoi ne pas renouer avec ses meilleurs copains de toujours ? En ouvrant leur amour symbiotique à d'autres, les amoureux vont multiplier les relations non plus seulement hétérosexuelles comme dans le couple, mais aussi homosensuelles avec les amis, et ils mèneront beaucoup plus agréablement leur vie en honorant leur hétéro et leur homosensualité, car ce sont ceux qui sont différents de nous qui nous attirent et ceux qui sont semblables à nous qui nous comprennent.

Une soirée à plusieurs permet à certains de se rendre compte que les autres ont aussi leurs difficultés et qu'il y a manière d'en parler sans avoir l'impression de trahir l'autre. **On rencontrera des gens qui ont des points de vue différents mais qui n'ont pas entre eux l'obligation intérieure de penser à l'identique.** C'est ainsi qu'on peut faire « avec les autres » les premiers pas hors du carcan habituel du couple : « Je pense toujours comme toi, tu le sais. »

Faire partie d'un groupe, c'est pour le couple entrer dans la communication et mesurer son égalité ou sa différence. On ne peut pas le faire dans un couple hétérosexuel replié sur lui, pris dans une économie inconsciente qui tourne autour du pouvoir et de la parole de chacun, chacun des amoureux craignant de se découvrir dissemblable de l'autre.

Qui est le plus adulte ? le plus régressif ? le dominant ? Lequel va faire des concessions ? Ce sont des choses que les deux partenaires savent d'emblée intuitivement, mais dont ils ne parlent pas pendant longtemps afin de ne pas « blesser » l'autre. Ils commencent parfois à les découvrir hors du couple, dans un échange tout autre. Ils comprennent alors qu'échanger ses expériences avec autrui permet de ne pas dramatiser et de mesurer plus exactement ce qu'on souffre d'abnégation au nom du couple.

Cette prise de conscience est salvatrice et peut aussi se faire en présence d'un thérapeute qui aidera à formuler les besoins autonomes d'existence de chacun, sans avoir l'impression d'avoir à « tuer » l'autre !

La peur de perdre leur fusion affective mène souvent les amoureux à une vie pleine de compromis, qu'aucun n'apprécie, mais dont ils croient spontanément que c'est le prix à payer pour rester en couple. Ils n'osent pas avoir d'envies personnelles si elles ne sont pas partagées ! C'est au moment où ils doivent sortir de cette étrange prison de l'amour fusionnel qu'ils ont établie eux-mêmes entre eux, qu'il faut ouvrir enfin le couvercle de la cocotte et laisser s'échapper la pression auprès de quelqu'un d'extérieur qui ne maniera pas le reproche mais parlera de silence nocif pour le couple. (Sans doute un thérapeute de couple ou un psychanalyste.)

Cette fois-ci, ils vont mettre en face, non plus leur désir de symbiose, mais leur désir de vivre ensemble des choses parfois différentes : ce sera **non plus le contrat follement inconscient d'allégeance à l'autre, mais un contrat conscient qui concernera la vie à deux,** en conservant les goûts spécifiques de chacun et sans toucher à la solidité du sentiment amoureux.

Les façons de s'épanouir dans le couple vont

alors apparaître naturellement, car sans avoir l'impression d'être infidèle on peut se lier au travail, par exemple, avec d'autres personnes et faire partie d'un groupe amical ou d'une association sportive ou culturelle, à partager ou non avec son partenaire. **Le couple apprend alors comment se satisfaire l'un avec l'autre et non plus l'un de l'autre !** Le miraculeux coït n'est plus la seule façon d'être ensemble, et les partenaires découvrent le sentiment qui les soutiendra pour le reste de leur vie de couple : l'amitié entre un homme et une femme qui se sont juré fidélité et soutien réciproque, au sein d'un amour réparateur de leurs névroses.

Certains couples évoluent spontanément différemment en introduisant des distractions culturelles communes, ce qui signifie que leur amour n'est plus entièrement fusionnel, mais qu'une partie a évolué entre eux et qu'en jouissant du même spectacle ou en se livrant chacun à une activité artistique ou sportive, ils ne se quittent pas, mais plutôt s'enrichissent mutuellement d'une autre sorte de partage.

C'est le fruit de la rencontre de deux êtres cultivés dont les jouissances se divisent entre sublimation et appétit sensuel, leur amitié soutiendra leur vie de couple. Ils n'auront pas de peine à vivre en parallèle, car ils ont appris depuis longtemps que s'aimer c'est regarder la vie ensemble et non plus se regarder l'un l'autre, comme au début.

Contrairement à ce que veulent nous faire croire les médias qui travaillent sur la séduction, l'amour physique et la vie à deux peuvent être autre chose qu'un coït permanent. Un couple peut partager bien d'autres jouissances si seulement chacun a appris dans l'enfance que la dévoration immédiate de l'autre n'est pas le seul but de l'existence, comme avec la mère dans les premiers mois. L'école donne à l'enfant le goût du savoir et de la connaissance ; la télévision devrait être l'école des adultes où ceux-ci prolongent leur besoin d'apprendre, c'est-à-dire de « prendre en eux » et d'agrandir le domaine de leur domination sur le monde par le savoir.

Mais loin d'être le lieu de culture qu'elle devrait être, la télévision nous pousse à retourner dans ce lit dont nous sortons à peine pour comptabiliser le nombre de nos exploits amoureux. En dehors des émissions *people* ou de télé-réalité, rien d'autre n'est proposé et c'est l'éternel retour à la réalité passionnelle du couple qui apparaît chaque soir comme le repère essentiel de la violence des humains.

Cessons d'obliger tous, petits et grands, jeunes et vieux, à ne croire qu'à un dogme : celui de la passion amoureuse. Ce n'est qu'un moment de l'évolution humaine. Le prendre comme unique modèle aboutit à de fréquents changements de partenaires menant à ce que nous voyons aujourd'hui fleurir autour de nous : familles recomposées, familles à tiroirs ou smalahs, tribus multigénérationnelles où les belles-mères ont l'âge des belles-filles et où les bébés sont les oncles des ados, dont les problèmes inconscients à venir n'ont pas fini de nous occuper et de nous intriguer.

Le sexe n'est finalement dans le couple une affaire ni de séduction ni de technique, si savante soit-elle. La technique ne marchera pas si la relation inconsciente n'est pas claire entre les partenaires ! C'est cette relation qu'il faut éclaircir si l'on veut aller plus loin que le coup de foudre, la nuit de noces ou le premier enfant...

Le couple, c'est d'abord l'établissement de

deux personnes qui ont des objectifs différents : l'homme cherche la stabilité familiale pour y asseoir sa vie professionnelle ; la femme cherche la stabilité affective et conjugale comme support premier pour créer sa famille, objectif qui lui permettra d'enfanter, premier de ses souhaits, depuis toujours.

4

Nous voulons un enfant

Un enfant, c'est ce qui est intérieur au couple et ce qui lui est extérieur aussi, puisque c'est à partir d'un désir intérieur de symbiose réelle qu'arrive un nouvel être dans la société. Si, auparavant, il tombait plus ou moins heureusement dans le monde, aujourd'hui un enfant est un être conçu par des parents qui l'attendent pour l'aimer ensemble. Avec la pilule, les préservatifs et autres dispositifs, on a tous les moyens pour empêcher l'inconscient de « faire un enfant dans le dos de l'autre ».

Faire un enfant, c'est s'offrir un plus dans le couple quand on en a les moyens, le désir et l'âge. On ne fait plus des enfants en grand nombre mais des enfants au nom d'un grand amour. La baisse de natalité s'est ensuivie, et l'attention éducative a augmenté ; Gregory Pincus (inventeur de la pilule en 1956) est passé par là, mais Sigmund Freud aussi... Ce qui conditionne la venue de l'enfant, ce n'est pas tant la famille qui est là, que la famille à venir qui reposera sur l'amour commun pour cet enfant.

Ce n'est pas le mariage qui est le support de l'amour, mais c'est l'amour qui est le garant du mariage à tel point qu'on ne prend même plus la peine de le fêter ou bien qu'on ne le fête qu'avec preuves à l'appui : avec un ou deux enfants qui tiennent la traîne de maman ! S'il n'y a plus d'amour, le mariage n'a pas de sens. Et on se séparera avant de le célébrer...

Le devoir de s'aimer pour faire un enfant a succédé à l'obligation de se marier pour fonder une famille, le système est complètement inversé : ce n'est plus la raison qui sert de base à la cellule familiale, c'est l'amour. C'est donc l'amour et ses facéties inconscientes qui vont présider au désir de cet enfant nouveau. Un peu étrange quand on sait que le désir inconscient n'est jamais satisfait et cherche toujours mieux, toujours plus loin, etc.

Cet enfant d'aujourd'hui s'appelle donc avant tout « Désiré ». Il n'est surtout pas un fardeau pour le couple mais une grande joie à partager entre un homme et une femme.

Quand on s'aime, le mariage n'est plus obligatoire socialement mais l'enfant est quasi inévitable, parce que, les premiers moments de la vie à deux ayant réalisé le rêve de symbiose, l'inconscient va se mêler de trouver une autre symbiose à vivre en commun : l'amour du même bébé pour les deux amoureux. Si c'était le hasard qui faisait pleurer nos grands-mères se retrouvant enceintes, maintenant c'est le bonheur qui entre dans le cœur d'une femme qui se sait enceinte, et qui le souhaitait depuis toujours ! La nature connue et organisée par l'homme est préférable à l'incertitude et au hasard !

Une femme enceinte est en général une femme heureuse, très heureuse, car elle est en train de réaliser son grand désir de donner le jour à un être. Elle va le dire d'abord à son homme. Lui, logique et raisonnable, avait tout fait pour, mais il n'y pensait plus quand Ariane lui dit la voix émue : « Tu sais, je crois que ça y est. » Paul a mis une minute à réaliser, puis il s'est réjoui lui aussi de la nouvelle et de cette concrétisation de leur rêve commun : une famille... Il a pensé qu'ils auraient maintenant un objet en commun et un lien indéfectible entre eux : un enfant, et c'est ce qu'il voulait !

Là comme ailleurs, du fait qu'il a eu avec sa mère un long et confortable Œdipe, l'homme est rassuré affectivement et n'a rien à prouver. Il attend son tour de procréer, il suffit de décider de la femme, du jour, de la lune, et la logique de l'amour fera le reste... Du moins, celui qui a vécu en système matriarcal (ce qui est encore le cas de beaucoup d'hommes), et qui, du fait du divorce, a grandi avec une mère seule dont il a été adoré, fait naturellement confiance à la femme pour ce qui est de l'enfant, même lorsqu'il est encore dans son ventre... Cet homme n'est pas féministe mais maternaliste ! Il suffit d'entendre la plupart des hommes parlant de leur mère : « C'était la meilleure des mères... » Parfois, le jour du mariage de ce fils, cette merveilleuse mère écrase furtivement une larme qui roule impudique sur sa joue, dernier adieu à ce cher « petit » qui la quitte pour une autre...

La femme aussi, pour sa part, a souvent grandi dans ce régime à l'ancienne, car si sa mère a eu le temps d'être féministe et de travailler, son père n'a pas pris sa place de père paternant, et elle n'imagine pas très clairement la place d'un vrai père aujourd'hui !

C'est ainsi qu'on voit souvent les filles de féministes réagir comme autrefois et manquer de confiance en leur avenir de femme, ou de « femme-femme », comme le leur demandent les hommes... Les magazines féminins sont pleins d'interviews de futures mères et de jeunes mères qui parlent de leurs angoisses quant à la grossesse, l'accouchement, l'allaitement. Les femmes ne sont jamais sûres de rien si, dans leur enfance, leur père ne les a pas aimées, approchées, rassurées sur leur différence avec l'homme. Elles ont toujours peur de ne pas être de « vraies » femmes. Et de quoi n'ont-elles pas peur encore ?

C'est pourquoi une femme enceinte a des sentiments plus complexes qu'un homme devenant père. Elle se dit que, grâce à cet enfant, elle va prouver qu'elle est bien une femme. Elle va montrer à sa mère qu'elle peut porter un enfant sans son aide. Elle va dire à sa sœur aînée qu'elle aussi peut faire des enfants. Enfin, elle va se prouver à elle-même qu'« elle saura faire une petite fille plus heureuse qu'elle ». Finalement, elle se casse tout le temps la tête quant à son identité de femme. Alors être enceinte en est une preuve magistrale !

La femme enceinte est donc doublement contente, pour le couple et pour elle-même. Lui dire qu'elle attend un enfant, c'est ouvrir toutes les portes de ses fantasmes de petite fille. C'est lui donner le droit d'exister aux yeux de tous, le droit d'être aimée enfin de façon définitive : « Elle allait leur donner tant d'amour que leur vie entière, tissée de soins et de bons offices, perdrait son sens hors de sa présence[1]. » C'est ce que pensent 85 % de jeunes mères qui n'hésitent pas au moment du divorce à choisir l'enfant au lieu du père. Elles vont tout naturellement se servir de cet enfant comme d'un rempart contre la dureté de la solitude et de l'abandon.

Le père, s'il a voulu un enfant, ce n'est pas pour le garder là, maintenant, mais pour l'aider à grandir et à aller plus loin que lui-même. Voilà pourquoi le père est important dans la famille. C'est lui qui fera sortir les garçons et les filles des jupes et de l'ombre de la mère... Le père, lui, n'a pas besoin de preuve autre que lui-même dans

---

1. Boris Vian, *L'Arrache-cœur*.

l'existence. S'il a besoin d'enfant, ce n'est pas forcément pour s'en glorifier, mais pour se continuer.

Parfois, dans la bataille du divorce, devant le désespoir de la mère vis-à-vis des enfants, l'homme s'appuie sur ce besoin inconscient de la femme de se les approprier, pour tout lui abandonner : la maison, les enfants et l'amour pour tous. Pour sa part, il va recommencer une autre vie. On sait que plus de deux tiers des pères déposent une demande de résidence des enfants chez la mère et que 16 % seulement d'entre eux sollicitent la garde de l'enfant par eux-mêmes. La plupart des hommes font donc confiance à la mère pour « garder » l'enfant. Et surtout ne tiennent pas à s'embarrasser la vie avec ce minot ! Il est clair qu'en ce moment les femmes font ce qu'elles veulent avec les enfants, mais les hommes font ce qu'ils veulent avec le divorce.

L'homme n'est pas prêt à sacrifier sa vie pour l'enfant. Il n'a pas connu ce mélange de deux vies en une que seule la mère éprouve depuis la conception du fœtus. Écoutez une femme au tribunal cherchant à protéger son grand adolescent délinquant : elle reconnaît ses torts bien sûr, mais finit toujours par cette phrase qui ne demande pas d'autre explication : « C'est mon fils ! »

La venue d'un enfant n'a pas le même sens pour la femme et pour l'homme. Sa naissance est un grand moment pour tous les deux, mais ils l'éprouvent différemment parce qu'ils sont totalement différents dans leur psyché... L'enfant a besoin de ces deux amours-là pour équilibrer ses forces affectives. Du côté de la mère, c'est la régression, la protection et le retour : **la mère rêve de ne jamais être séparée de cet enfant** ; du côté de l'homme c'est l'avancée dans la vie : avec un père on joue, ou court, on saute les ruisseaux, on comprend la marche du soleil de la lune, **le père rêve que son enfant fasse partie de ce monde.**

Si j'ai moi-même écrit sur la nécessité du père[1] auprès du berceau dans la première année, c'est parce que je sais que l'attachement inconscient est très précoce. L'enfant n'aimera son père aussi fort que sa mère que si celui-ci a existé physique-

1. *Petit livre à l'usage des pères*, Fayard, 2001.

ment à ses côtés dès le début. Les parents doivent choisir à la naissance de leur premier enfant quelle position ils veulent occuper, car si l'un se retire, l'autre prend le premier rôle et le gardera toute la vie.

Ce n'est pas par gentillesse qu'il est bon de se passer le bébé, de l'un à l'autre. C'est comprendre que cet enfant, quand il sera devenu adulte, devra avoir en lui la sensibilité de sa mère et le courage et la force de son père. Et qu'il lui faut bien tout cela pour bâtir une vie ! Si l'un des parents recule devant le pouvoir de l'autre, l'enfant appartiendra à celui qui a mené les choses de la vie, de l'école, de la maison. C'est ainsi que l'être humain s'attache à ce monde en commençant par celui qui s'occupe le plus de lui au départ, que ce soit deux parents ou une mère ou même un grand-parent chez qui l'enfant a été placé.

Mais parfois dans ce désir nouveau qu'ils ont d'avoir un bébé ensemble, il peut arriver que l'inconscient de la femme (qui a à voir avec sa mère) ne suive pas, et ne veuille pas faire « ce que demande » son mari. Bien que ce soit le jour et l'heure, la conception ne se fera pas, le spermatozoïde ne rencontrera pas l'ovule. Pourvu que l'inconscient ne persiste pas trop longtemps à ne pas faire ce qu'on lui demande ! Nous connaissons les malheurs de ces couples chez qui l'un ou l'autre « ne peut pas » parce qu'il « ne veut pas » inconsciemment. On est alors obligé de prendre l'ovule à la pêche et de le mettre de force en face du spermatozoïde dans une éprouvette. Mais après tout cela les parents ne sont plus très sûrs d'eux-mêmes : madame est bien enceinte, mais le couple est inquiet d'avoir dû aller jusque-là. Est-ce bien normal d'avoir dû forcer les choses pour exaucer leur plus cher désir ?

Et quel problème également quand cette grossesse tombe mal ! Dans le déroulement d'une vie humaine, tout se passe bien tant que le conscient domine l'inconscient. **Dans le cas contraire, l'individu n'arrive plus à régner sur lui-même. Il ne fait pas comme il veut, mais comme sa névrose le veut, tant il est sous son emprise. Certaines femmes ont le symptôme de « vouloir être mères ».** Elles tombent enceintes, ayant oublié miraculeusement la pilule ou mal calculé la date de leurs règles : il y a ainsi des névrosées de la « conception ». C'est comme une maladie psychosomatique qui révèle ce qu'on se cache à soi-même. Par exemple, une femme qui n'a pas d'enfant avec son mari va en concevoir un avec son amant. Pourquoi la médecine qui soigne sans rechigner l'eczéma, la colite, les allergies fait-elle tant de résistance à la pratique de l'avortement qui ne fait qu'opérer un réajustement entre le conscient et l'inconscient de cette mère ?

Quoi qu'il en soit, le projet d'enfant le plus courant et le plus fréquemment réalisé est animé par l'idée qu'ont deux êtres qui s'aiment de prolonger leur symbiose sous la forme d'un enfant à concevoir à deux et à aimer à deux. L'homme qui veut avoir un enfant avec une femme lui dit : « Je reconnais ton cœur comme généreux et ta lignée comme valeureuse, et je souhaite la lier à la mienne. » Encore faut-il que la femme comprenne cela comme une reconnaissance narcissique et non comme ce fameux bébé cadeau dont elle a toujours eu envie pour elle toute seule, malgré tous les poupons et les poupées de son enfance. Parfois, hélas, dans son désir de reconstruction d'elle-même, elle en est toujours là ! C'est le cas des mères dans tous les feuilletons américains où les mères parlent de « leur bébé » comme s'il n'avait qu'une mère et point de père géniteur !

Dans tous les cas, le projet d'enfant, comme tous les autres désirs, est inévitablement « infiltré » d'inconscient. On peut souhaiter consciemment un enfant sans l'accepter inconsciemment, ce qui n'arrange pas les affaires du bébé. Les humains ont rarement leur système inconscient en panne. Chaque parent est devenu ce qu'il est aujourd'hui au fil des années et ne changera plus guère. Il faudra faire avec ce qu'il est et ne pas lui reprocher ce qu'il n'est pas !

Voilà enfin la grossesse confirmée par le médecin. La femme est heureuse et l'homme aussi. Mais sentant tout à coup des choses inhabituelles dans son ventre elle pense : c'est lui, le Bébé ! quelle joie, quelle émotion ! Comment le dire à Paul qui ne s'en soucie pas jusqu'à l'échographie, car, ce jour-là, il va le « voir » !

Ce n'est plus parole de femme mais regard du père. C'est pourquoi il doit accompagner sa femme ce jour-là, afin qu'ils puissent accepter ensemble ce petit diable dont on ne voit que le corps, mais à qui ils font confiance parce qu'il s'agit d'eux-mêmes. Dès lors, ils vont l'attendre d'une autre façon, dans sa réalité, l'attendre tous les deux : elle, du dedans, selon qu'elle porte une fille ou un garçon va spéculer sur la couleur de son amour pour cet enfant qui est dans son ventre. Lui, du dehors, va calculer où on va mettre le berceau, se demander ce que va dire son patron, que dire à sa mère et quand.

La grossesse continuant, certains couples espacent les rapports physiques ayant peur de déranger l'enfant. D'autres, au contraire, en profitent comme s'ils allaient en être privés ou comme s'il fallait le marquer d'amour celui-là qui vient et ne sait rien de tout cela.

Le grand jour arrive : elle et lui partent pour la clinique et en vitesse. Là commence la peur pour elle, et pour lui c'est le début d'un double rôle qui consiste à être à la fois mère de cette femme qu'il aime et père de cet enfant qui ne se presse pas de venir. Tantôt il préfère l'un, tantôt il attend l'autre, mais il est important là où il est et j'espère qu'il le sait !

Quand enfin le bébé est là, on le lui remet. Il prend dans ses grands bras ce minuscule objet tout gluant dont on dit qu'il est son enfant. Il est surpris et très ému comme s'il se rappelait avoir été aussi minuscule que cela, lui, l'homme adulte et fort d'aujourd'hui. Parfois les larmes lui montent aux yeux mais il les retient pour Ariane, pour qu'elle garde sa confiance en lui, surtout en ce moment.

Il baigne l'enfant, le pose sur la table à langer, lui met maladroitement ses habits. Mais qui n'est pas maladroit le premier jour ? Seul avec son enfant, il est comme un galopin qui joue avec une poupée de cire... Enfin il le ramène avec les conseils de la sage-femme sur le ventre de la mère. Là, ils vont poser pour la plus tendre des photos : une dyade à trois... Lui aimant elle et le bébé, et elle aimant le bébé et lui. Vous avez bien noté l'ordre des choses ? Car cet ordre reviendra très souvent entre eux à partir de ce moment.

Et, revenant à la maison, lui pour quelques jours de congé, et elle pour deux mois ou plus, ils vont jouer à échanger l'enfant, à lui parler, à lui chanter des chansons. Tous les jours, il devient un bébé plus humain, c'est-à-dire un bébé qui entend deux voix, celles des deux parents, qui sent deux odeurs, celle d'un homme et celle d'une femme, qu'il reconnaîtra entre toutes et pour toujours. C'est là que le père devient père paternant, place qu'on ne voulait pas lui donner et jusqu'à aujourd'hui les bébés ne connaissaient guère leur père. Ma mère se souvenait d'avoir, à six ans, demandé à son père qui ne touchait jamais ses enfants et qui s'était ému parce qu'elle était tombée : « Papa, tu m'aimes ? » Quelle histoire à travers cette anecdote que m'a racontée ma mère ce jour-là !

Et puis le jour arrive où lui s'en va pour son travail et elle reste seule avec le nouveau-né. Elle n'est pas fâchée du tout. Au contraire, elle va l'avoir pour elle toute seule. Elle l'aimera tellement qu'il ne pourra jamais plus vivre sans elle. Elle s'endort, elle se réveille, « son » bébé est toujours là, son mari parfois... Il rentre tard le soir, et peu à peu elle se met à préférer le bébé avec sa petite voix, ses petites mains. Elle ne s'imagine plus dans les bras de Paul. D'accord, on peut accuser les hormones pendant les deux premiers mois, bien sûr ! Mais après, il y a comme une sorte de peur de quitter la symbiose avec le bébé, pour une autre symbiose presque oubliée avec son amoureux. Et Paul l'attend, il la trouve bien plus intéressante que le bébé qu'il aime tendrement, mais pas passionnément.

C'est là que le piège de l'inconscient va se révéler : cet enfant ne les rapproche pas. Commencent les : « Tu as vu l'heure ! Et son biberon ? » – « Tu ne m'aimes pas, dis ? » – « Tu crois que j'ai le temps ? Je suis crevée ! »... Bon, il s'en va. Il passe à côté, va préparer le repas, mais il songe : « Et si elle préférait l'enfant ? » et il ne veut pas de cela. Il veut gueuler que ce n'est pas ce qui était prévu, que ce n'est pas juste, qu'il va l'obliger à l'aimer à nouveau ! Mais elle, imperturbable répond in petto : « Je m'en fiche de perdre Paul, car maintenant, je le sais, je préfère Vincent, mon bébé ! »

Ce piège de l'inconscient, il faut le connaître pour s'en méfier. C'est le post-partum de l'amour conjugal, chacun en aime un autre. Dans le trio, il y a deux symbioses. Attention à ne pas s'y laisser prendre ! Il faut que l'homme séduise à nouveau sa femme gentiment avec des mots, avec des fleurs, pas avec des gestes « en colère ». Pas avec des mots évoquant les droits d'un mari.

Elle reviendra peut-être. En effet, les couples ne se remettent pas toujours du chamboulement de la relation amoureuse que cause la naissance d'un enfant ! En particulier ceux qui l'ont fait pour revigorer leur passion : ils ne comprennent plus rien. Où va les conduire le désir toujours à satisfaire ? Par quels chemins va-t-il les faire passer maintenant ?

Eh bien, après ces deux ou trois mois particuliers où il leur a fallu s'habituer à partager la vie avec un tout-petit, ils sont des parents s'occupant d'un jeune enfant. Le couple stagne, on n'en parle même pas, il est sage, un peu trop sage de l'avis de la passion inconsciente qui attend le prochain stade...

Ils sortent pour présenter ou promener le bébé. Ils vont faire des balades avec lui dans le sac kangourou. C'est bien sympa, mais est-ce cela la famille ? N'est-ce que cela ? La femme, surtout, réfléchit beaucoup car son inconscient, sans Œdipe satisfaisant, la tracasse toujours et lui fait demander continuellement un amour passion plus fort. Mais avec Paul, c'est curieux, c'est comme s'ils n'avaient pas le droit de se toucher. Elle se sent intouchable pour lui, elle est la mère, il est le père. Où sont passés les amants ?

C'est depuis ce jour de l'accouchement, avec tout ce sang, ses cris, ses jambes impudiquement écartées... que tout le merveilleux est parti d'un seul coup. S'il lui écartait les jambes maintenant, ce serait comme... un devoir, comme un viol peut-être ? Et elle n'en veut pas ! « Ne suis-je plus capable de faire l'amour ? Me suis-je trop habituée aux petits bras de Vincent, à ses sourires, à sa peau douce ? Je n'ai plus envie des grosses mains de Paul ni de son torse velu, ni... ni... Ne suis-je plus qu'une mère ? » se demande-t-elle. Puis : « Je m'en fiche, c'est tellement parfait avec *mon* bébé ! » Voyez, elle a dit comme dans les romans américains : « mon » bébé, comme si les bébés n'appartenaient qu'aux mères...

Attention, le ver est dans le fruit : Ariane est en train de changer de symbiose, elle se met à tricoter l'Œdipe avec son fils et non plus à entretenir son amour avec Paul. C'est à lui d'intervenir, de lui dire qu'il est toujours amoureux d'elle, qu'il a décidé d'un dîner au restaurant, d'un week-end à la plage, à l'hôtel. Partout il faut qu'ils soient seuls. Sans ce fameux Vincent. Il veut remettre le décor en place après l'ouragan, car il a décidé de faire avec Ariane sa famille. Mais là le risque est de cinquante-cinquante : s'il gagne, elle revient avec lui en lui donnant la main ; s'il perd, elle revient en marchant devant lui, elle court presque, elle va vers « son » bébé et il a perdu pour cette fois...

Ce n'est pas si simple, la famille, quand il faut donner à manger à un bébé goulu et penser à alimenter la passion secrète du couple...

Voilà pour l'histoire de l'enfant : **un enfant ne répare rien, il embellit tout ce qui brillait déjà et ternit tout ce qui n'était déjà qu'un petit tas d'ennuis...**

5

Cet enfant qui nous sépare

Voilà l'enfant arrivé, entré, il est si léger ! Mais c'est un immense rêve qui part de l'arrière et va vers l'avant et ira plus loin qu'on ne peut l'imaginer au fond de soi...

La naissance d'un enfant transforme un couple, révèle des parents, qui ne s'étaient jamais imaginés comme cela auparavant, ils découvrent de nouveaux sentiments et en voient d'autres disparaître du premier plan. Par exemple, quand on devient « parents », on pense tellement à l'enfant qu'on se demande si la relation sexuelle va en être influencée. Est-ce qu'on pourra faire l'amour comme avant ou est-ce qu'on le fera maintenant toujours à trois ? Avec une oreille qui écoute la montée orgasmique du conjoint et une autre qui écoute la respiration venant de la chambre de bébé ?

Le fait d'être responsable de la vie d'un enfant semble empêcher les adultes de vivre comme avant. La question se pose tout de suite de sa place réelle dans le couple : est-elle entre ses parents ou avec ses parents ?... Serait-ce qu'avant même sa venue la place inconsciente de l'enfant est déterminée ?

Il faut se rendre à l'évidence : « vouloir » un enfant n'a pas toujours le même sens pour chacun des deux parents. Le désir inconscient de chacun continue sa route à travers l'enfant... Derrière tout désir déclaré, il y en a un autre plus secret que même les amants ne savent pas consciemment. Pour l'instant, ils veulent un enfant, mais ils le veulent comment ?

Soit l'enfant est souhaité pour ajouter quelque chose de commun entre des époux qui pensent être arrivés au bout de l'amour passion et donc veulent « entretenir leur flamme ». Et l'enfant est souhaité par madame qui veut enfin connaître son véritable pouvoir de femme et sa place de mère, et par monsieur qui attend son statut social de père de famille. Dans ce cas, madame dérivera vers « son » bébé et monsieur vers le reste : l'appartement, la voiture, les vacances, car un seul désir leur est commun : la symbiose physique, et s'ils n'ont pas de symbiose affective profonde, ils sont inconsciemment renvoyés à l'extrême de leur différence fondamentale : ils ne se sont pas mis en couple dans le même but inconscient ! C'est cette opposition qui les a attirés l'un vers l'autre et c'est sur ces affrontements à dépasser qu'ils mènent leur vie de tous les jours, en en riant souvent ou en s'en irritant, pour se rabibocher le soir même. Donc, étant soi-disant de structure complémentaire, ils ont le plus souvent des points de vue différents sur beaucoup de choses dans la vie. Tandis que la femme manque d'assurance quant à son état de femme, l'homme, très fils de sa mère, se dit sûr de son état de mâle (très macho) ! Et ils se sont toujours débrouillés ainsi, pourquoi cela ne continuerait-il pas, même avec un bébé ?

Soit la venue de l'enfant est évoquée par des parents qui partagent beaucoup de choses, en plus de la relation sexuelle, et pourquoi pas un bébé ? Ils ont l'intention de l'élever à deux car c'est leur désir de tous les jours de faire les choses à deux, ce serait idéal de se savoir unis symbiotiquement pour le reste de leurs jours ! Ce sont des partenaires qui ont souvent en commun un état névrotique, et ils trouvent leur apaisement dans la compréhension mutuelle (chacun comprenant le « manque » de l'autre), ce qui permet à chacun de parler de lui, sans blesser l'autre et d'aimer les mêmes choses ensemble bien que différemment, et pourquoi pas un enfant ?

Donc la distance est grande pour un même désir entre ces deux couples : dans un cas, l'enfant **fait partie des biens de consommation auxquels le couple a droit dans la vie** ; dans l'autre cas, **il fait partie de la symbiose élargie de l'amour parental** et les parents s'aimeront encore plus à travers lui.

Il y a toutes sortes de gens et toutes sortes d'amour. Il y a les réalistes, les rêveurs et les hédonistes. Certains ne passent pas par le désir réel d'enfant mais par l'idée que ce serait merveilleux de partager un enfant à deux, qui serait conçu un soir de pleine lune, en plein état amoureux ! Pour d'autres, l'enfant sera commandé et exécuté selon le plan prévu et il sera la première pierre de cette famille.

Combien de fois rêveront-ils d'enfants dans leur vie ? Une, deux ou trois fois, pour ceux dont l'amour est d'autant plus intense qu'ils s'aiment à travers ces enfants. Mais ils peuvent aussi décider de n'en avoir qu'un parce que la symbiose n'est pas éternellement extensible pour eux ! Tout comme dans le couple réaliste et organisé, la référence à la norme familiale peut les amener à faire un deuxième enfant, rarement plus.

Le nombre d'enfants n'entre en rien dans la preuve de réussite du couple. Il est souvent lié à une question de moyens ou au fait que les parents s'identifient à une famille de trois ou quatre enfants à la génération précédente...

Ce qui signale le plus souvent l'échec à venir dans le couple, c'est de voir la femme devenir tout autre parce qu'elle est mère. **Son inconscient n'attendait que cette preuve de féminité, et on peut en conclure que la fonction de l'enfant sera de donner sens à la mère.** Cela met toujours en difficulté l'enfant d'un côté, faire-valoir de la mère, et le père de l'autre. Oublié comme homme désirant, il n'est que le géniteur par lequel il fallait passer !

On comprend très bien les tableaux des maîtres italiens sur le thème de la Nativité : une mère magnifique et ravie ne regarde que son enfant,

Jésus, et Joseph, lui, est en retrait dans la pénombre. Dans l'image véhiculée depuis vingt siècles par le christianisme, l'enfant appartient à sa mère, et on a autant de mal à faire entrer le père dans la bulle primitive de l'enfant chez les adeptes du Coran que chez ceux de la Bible.

La famille prend très rapidement la forme relationnelle qui sera la sienne en fonction de l'inconscient des deux parents. Cette famille est actuellement en train de changer socialement sous l'effet du travail des femmes, car **l'enfant n'est plus toujours le seul faire-valoir de la femme et elle n'investit pas toujours tout sur son rôle de mère.** Cela reste le cas pour les femmes souvent défavorisées, peu scolarisées, sans emploi et vivant sous la coupe de leur mari (ce qui, d'ailleurs, malgré l'inviolabilité du mariage, ne garantit en rien l'épanouissement de tous au sein d'une famille dans laquelle la mère est la première esclave).

Que la mère travaille ou pas, c'est là où l'enfant sert de faire-valoir principal, là où il est le plus gâté, admiré et mis en valeur, que les parents, sous l'effet de sa toute-puissance tyrannique, vont assez rapidement commencer à souffrir du prix qu'ils paient pour ce magnifique étendard. « Si c'est cela avoir un enfant ! Ça n'est vraiment pas drôle tous les jours ! » Il est le plus beau, le plus intelligent de tous les bébés, d'accord ! Mais tout le reste est contrainte, car c'est lui l'« enfant-roi [1] » qui incarne le rêve de cette famille et personne n'oserait faire passer son désir avant lui.

Cette famille risque d'éclater assez vite si madame n'a pratiquement plus de temps pour un mari dont elle n'a plus besoin puisqu'elle a un enfant venu d'elle et qu'elle s'occupe de lui, en place d'elle-même. Et à quoi lui sert cet homme ? Puisqu'il n'est que le père et qu'il ne la décharge pas du bébé ! Un mari, c'est une bouche de plus à table, des chemises à laver, des chaussures qui traînent, des horaires et des exigences ! Pourquoi continuer ? La femme tourne et retourne ces arguments dans sa tête, sans lui en parler, à lui qui n'évoque jamais le divorce, sauf si, fatiguée de sa double journée, elle refuse le câlin du soir, là, monsieur va se poser des questions parce qu'il aspirait à sa récréation. La voilà maintenant qui argue de sa

1. C. Olivier, *Enfants-rois, plus jamais ça !*, Albin Michel, 2002.

fatigue maternelle pour refuser son désir viril, et cet enfant en vient à redistribuer entièrement les rôles entre les amants sans prendre vraiment celui de ferment amoureux entre les parents...

C'est, dans le premier cas, dans une famille constituée de parents très différents, pour qui les enfants constituent l'accomplissement de l'identité personnelle de chacun, que le divorce va survenir le plus vite, parfois avant cinq ans de mariage. Et même parfois plus tôt encore, avec une femme à nouveau enceinte qui ne veut pas que le bébé se nourrisse dès le départ de l'atmosphère tendue qui règne dans cette famille. La mère demande la séparation ou le divorce et va se reconvertir comme mère monoparentale, car ce qui lui importe, c'est d'être mère et de le rester.

Dans le deuxième cas (deux couples sur trois), l'enfant n'a droit qu'à sa place d'enfant, il obéit à ses parents qu'il dérange peu et à qui il apporte un supplément d'affects. On joue avec lui, on discute avec lui. Le père, qui est depuis toujours l'« Autre » de la mère, a pris comme tâche de s'occuper du repas de bébé le soir ou même de le mettre au lit. Il sait parfaitement coucher les enfants, leur faire se laver les dents, sans oublier la petite histoire du soir, tandis que madame se repose enfin, regardant la télé ou fricotant un petit dîner pour elle et lui. Ambiance différente : il est naturel d'avoir un enfant, ce n'est pas un dieu, ce n'est qu'un enfant. La famille tient bon. Quelle expression ! Comme si la venue d'un enfant plongeait la famille dans la tempête conjugale !

Pour beaucoup de familles en effet, l'enfant révèle la véritable fragilité qui règne dans le couple entre Ariane et Paul comme entre Virginie et Ludovic. Et ils sont plus d'un tiers des parents d'aujourd'hui qui divorceront après un ou deux enfants. Avant que n'existe la pilule, on ne vivait pas tout cela, les parents avaient trop d'enfants et, heureuses ou malheureuses, les femmes n'avaient pas assez de loisirs pour réfléchir à leur sort...

Il faut bien spécifier que, depuis la libéralisation de leur statut, les femmes ont pris sur elles de demander le divorce : dans la plupart des cas, ce sont elles qui en parlent et qui s'acharnent, espérant ne rien perdre dans le champ de la maternité en gardant les enfants (qui leur sont confiés à plus de 80 %, contre 10 % au père et

10 % en garde alternée ou autre système de garde). Cela a pour effet d'exacerber les sentiments de nombre de pères qui se voient rejetés hors de l'univers familial et dont la place auprès des enfants est réduite à la portion congrue par la seule volonté d'une femme.

Le père ne résistera pas longtemps à un tel rejet. C'est lui qui se remarie le plus vite, d'abord parce qu'il est seul et libre pour des rencontres et ensuite parce qu'il rêve toujours de symbiose avec une autre femme (toujours sous l'influence de son amour œdipien infantile).

D'après les dernières statistiques, un tiers des couples se séparent (la moitié en région parisienne) ; les séparations et divorces sont demandés le plus souvent par les mères, 18 % de ces ruptures ayant lieu avant cinq ans de vie commune, plus tôt chez les couples sans enfants (ils ne sont pas taraudés par la culpabilité d'abandonner un bébé), 21 % entre cinq et dix ans de mariage avec un ou deux enfants jeunes. Au bout de dix ans de vie commune, près de la moitié des divorces prévisibles ont déjà eu lieu. Les divorces sont moins fréquents entre quarante et soixante-cinq ans, avec des enfants menés jusqu'à l'âge adulte dans de plus ou moins difficiles conditions d'éducation. **Le couple âgé divorce plus par lassitude que par rancœur. Il ne prend même plus la peine de payer un divorce, une séparation lui suffit ! L'enfant n'est plus le déclencheur de la zizanie comme chez le jeune couple.**

Que dire de tout ce tableau qui montre combien est difficile la vie à deux, difficulté qui a toujours existé mais qui est manifeste aujourd'hui du fait de la liberté qui règne dans la vie de famille. Nous l'avons vu précédemment, hommes et femmes sont attirés parce que l'hétérosexualité les pousse au coït puis à la conception de l'enfant, à peine la moitié d'entre eux survivra-t-elle au combat qui les oppose quant à la vie, quant à l'amour, quant aux enfants par la suite... Contrairement à ce que l'on peut imaginer, l'enfant n'améliore pas la relation dans le couple, mais il la fait changer de couleur car son éducation est la chose qui importe le plus aux deux époux.

On a pu temporiser sur la couleur du salon, l'heure du repas, la télé et tout le reste. On ne peut pas négocier à propos de celui dont on a fait son seul rêve et son descendant (chacun en fonction de sa propre histoire). C'est au sujet de l'éducation de cet enfant qu'éclatent les plus grandes disputes sur le thème de la vie à deux ! Ce qui le pousse à se croire coupable. En fait, il est participant sans avoir demandé à faire partie de ce trio grinçant qu'il forme avec ses parents. Il est en plein dedans, au cœur d'une zizanie inconsciente entre deux êtres dont il est le descendant, le représentant. Difficile de lui dire : « Ça ne te regarde pas ! Va te coucher, c'est la troisième fois qu'on te le dit ! »

Il est là, en pyjama, dans l'ouverture de la porte, son pouce dans la bouche et il est dix heures du soir. Il n'a que deux ans et répond : « Veux pas dodo. » Il les horripile à force ! Mais c'est trop compliqué dans sa petite tête pour qu'il s'endorme avec pour fond sonore les cris de ses parents, alors il revient sans cesse pour comprendre... Mais que peut-il comprendre, sinon que ces deux-là qu'il aime tant veulent se faire du mal, crient comme s'ils allaient faire un malheur ? Son nom, « Vincent », revient dans la conversation et il écoute les mots de l'un et de l'autre : il est au milieu, c'est sûr ! Il ne sait pas que c'est à son sujet qu'ils ont vu croître leurs dissensions et qu'ils veulent les régler ! En sa présence, mais sans lui !

Alors comment pourrait-il dormir sans penser à leurs baisers, leurs bras, leurs câlins et ce soir leur violence ? On ne peut pas dormir avec la violence ! Même les bébés ne le peuvent pas... Au bout d'un moment, un des deux parents se lève, va prendre l'enfant dans ses bras : « C'est rien, chéri, c'est rien, toi tu vas faire dodo et moi je t'aime toujours et maman (papa) aussi. » Un rien qui fait tant de bruit, ça n'existe pas ! L'enfant s'accroche au cou de son parent. Il ne veut plus entendre l'orage dans sa maison, papa qui fait tant de bruit et maman si gentille dont la voix a changé. Ce qu'il voudrait, lui, c'est que ses parents s'embrassent avec lui au milieu, ce serait la vraie nuit d'un bébé avec des parents...

S'il est plus grand, avec des mots : « Arrête ! arrête ! », il va essayer de faire l'adulte qui intervient dans une dispute d'enfants. Il perd sa place d'enfant irresponsable, devient adulte tout d'un coup et va entrer dans le scénario en usant de ses cris et de ses pleurs.

Qu'est-ce que cela entraîne chez un enfant de prendre le pouvoir sur les adultes ? Cela fait de lui un enfant qui devient un redresseur de torts partout, à l'école, chez lui, chez mamie. Il se transforme en policier en culotte courte, mais c'est un policier qui ne connaît pas la loi. Il ne va agir qu'en fonction de sa loi intérieure et il va sans arrêt chercher à repérer s'il est aimé ou pas. « Je te déteste ! », « Je vous aime plus ! », « T'es plus mon copain ! » seront ses mots préférés. **Grâce à quoi, il va perdre sa vraie loi d'enfant aimé pour devenir un enfant inquiet et agressif, imaginant le monde entier comme dangereux, toujours prêt à cogner pour arrêter l'agressivité des autres et calmer la sienne !**

Cet enfant est déjà blessé par le contentieux qu'il sent entre ses parents. Il a peur qu'on touche à la blessure de son cœur, qu'on touche à ses parents, qu'on touche à ce père, encore moins à cette mère... Comment divorcer après tout cela ? Pas facile pour les parents qui essaient chacun de lui dire en aparté qu'ils l'aiment pour toujours et que s'ils se disputent c'est parce qu'ils font comme des enfants. Ça, il le sait. Il l'entend bien et ne comprend pas pourquoi ils sont redevenus des enfants, eux ses parents...

De temps en temps, quand il est seul avec sa

maman, il demande timidement : « Dis, tu l'aimes bien papa, maintenant ? » et il se roule sur ses genoux pour l'assurer de son amour malgré la terrible dispute d'il y a quinze jours dont ses parents espèrent bien qu'il ne s'en souvient pas. Ignorant eux-mêmes qu'un enfant n'oublie jamais rien tant qu'il est enfant, il oubliera plus tard... **Pour l'instant, tout se grave sur le disque dur de son cœur. Il le dessine dans ses dessins, le revit dans ses cauchemars, en rajoute avec la télé et il en parle parfois à sa mamie quand il est loin de la maison.**

Il n'ose même pas imaginer la suite qu'il aura à vivre quelques années plus tard et que nous raconte le romancier : « Tout à l'heure, le père viendra l'embrasser, il l'embrassera deux fois, avant d'éteindre la lumière. Il lui dira : “Dors bien”, et refermera lentement la porte. Alors, la journée finie, Julien sera libre de rêver. Sa mère viendra vers lui, les bras tendus. Elle descendra le grand escalier, il l'attendra en bas, sans bouger. Elle lui prendra la tête entre ses mains. Julien ferme les yeux, et les poings, il s'enfonce sous les draps. Cette image, il ne veut pas la perdre[1]. »

1. Jean-Denis Bredin, *Un enfant sage*, Gallimard, 1992.

Qu'il est lourd le silence de l'enfant de parents séparés qui rend visite à son père, ou à sa mère ! Il voit tout, il devine tout et n'en dira rien à l'autre parent puisqu'il a compris qu'ils sont eux-mêmes des enfants se disputant un même joujou : son âme d'enfant !

6

Vous êtes sa maison et sa ligne d'horizon

Ils n'avaient pas fait cet enfant dans l'idée de se disputer à cause de lui. Au contraire, ils pensaient poser la première pierre de leur famille. Et voilà qu'il rentre du travail en se disant : « Pourvu qu'elle en ait fini avec David... Pourvu qu'on puisse se retrouver enfin un peu tranquilles. » Mais dès qu'il passe la porte, il entend sa femme qui joue avec l'enfant et il sait qu'il va figurer comme l'empêcheur de tourner en rond, « tant pis ! ».

Il l'embrasse sur le front et tend les bras au bébé. Celui-ci ne réagit pas. Pourquoi ? Parce qu'un bébé qui a passé toute la journée avec quelqu'un ne veut pas sortir de son orbe ni de son odeur. Il faut s'y mettre à tous les deux pour qu'il vous jette un regard... même s'il vous connaît. Jusqu'à neuf mois, un enfant est un affamé de symbiose.

C'est comme cela un bébé de neuf mois : il reconnaît la stature, le bruit et l'odeur de chacun ici, mais il reste collé, en symbiose dans les bras de celui qui l'a gardé toute la journée. Ce n'est pas parce qu'il ne vous aime pas mais parce qu'il a du mal à changer de symbiose. Peut-être aussi que sa mère, inconsciemment, en son for intérieur, ne vous attendait pas, vous le père, et que votre arrivée fait figure d'irruption dans leur duo affectif ! Je l'ai déjà expliqué ailleurs [1] à propos des mères à la crèche : un bébé tout petit vous oublie au-delà de quatre heures d'absence et il faut le reconquérir chaque soir.

Mais ce papa est déçu. « Déjà l'enfant appartient à la mère », se dit-il. Il s'attendait à retrouver sa femme qu'il craint tellement de perdre au bénéfice de cet enfant, et voilà qu'il faut commencer par faire le singe avec le bébé ! Il n'est pas content. « Pourvu qu'elle le couche rapidement ! » se dit-il. Mais justement elle déclare qu'il faut le changer. L'homme est là, debout, tout bête, à attendre, sauf s'il propose de le changer lui-même, histoire de reprendre contact ! Bravo

1. *Enfants-rois !, plus jamais ça*, Albin Michel, 2002.

c'est bien joué ! **Voilà un papa moderne qui veut être aimé de l'enfant et de la mère et qui ne veut pas être relégué à la place de celui que l'enfant connaît le moins...**

C'est ainsi que cela se passe dans certains couples. Quand la logique de l'amour se prolonge à travers l'enfant, bien sûr que c'est un autre amour qui naît entre les parents. Bien sûr qu'ils savent que David a tout bousculé entre eux, mais ils l'acceptent joyeusement car ce sont eux qui l'ont voulu.

En revanche, si cela se passe différemment et que le père en profite pour ouvrir son journal, cela va évidemment avoir un effet sur la mère, et par là même, sur l'enfant. Il est clair que ce père-là s'est trompé, ignorant peut-être qu'**à partir du moment où on est parents, on ne peut plus vivre l'un par l'autre mais l'un avec l'autre.** Si on a voulu ce petit, c'est qu'on voulait autre chose en plus et il faut être logique avec ce nouveau venu qu'on a invité et pour longtemps. Ce n'est plus la spontanéité qui domine la vie du couple qui a enfanté, mais l'amour tendresse sans faille pour l'enfant. Et si je dois aujourd'hui vous parler de séparation et divorce, je ne le ferai que par rapport à la logique de l'âge de l'enfant.

Plus il est petit, plus il a de mal à reposer sur deux amours, sauf si ces deux amours alternent dans sa vie. Avec un bébé de trois mois, il est vraiment trop tôt pour parler divorce. Mais si cela devait vous arriver, qu'il reste dans les mêmes lieux jusqu'à neuf mois, chacun des époux le voyant régulièrement, car s'il a commencé son identité primaire avec ses deux parents dans les premiers mois, il ne faut pas lui imposer « votre rupture » car elle risque de devenir la sienne...

Si le père est paternant de façon habituelle, il peut, grâce à la symbiose physique qu'il a nouée avec ce bébé, venir le chercher tous les jours à la crèche puis le ramener le soir chez la mère. Mais pour cela, il est indispensable d'être resté dans une relation amicale, si possible d'avoir pris un petit appartement dans le quartier et de ne pas vouloir que l'un ou l'autre s'attribue les faveurs de ce bébé. Il faut désirer tout simplement que cet enfant qui n'a même pas trois ans ne souffre pas de rupture quand il passe d'un parent à l'autre pour ne pas devenir un bébé traumatisé par la séparation de ses parents.

Ne faites pas porter à votre enfant le poids de votre culpabilité en vue de réparer ce que vous lui avez infligé. Tâchez de lui éviter la rupture brutale du lien avec l'un de vous car c'est cela qui va le déstabiliser définitivement. C'est à cause de cette fêlure qu'il porte en lui que, dans quelques années, la maîtresse d'école vous dira que David est agité, peu concentré, toujours en train de chercher autre chose. Il cherche un endroit, un mot, un sourire qui rétablirait ce qui était avant. C'est-à-dire son unité brisée... Mais, hélas, un bon tiers d'enfants des classes d'aujourd'hui portent en eux la fêlure du divorce. Et les enseignants doivent d'abord lutter contre l'éparpillement et l'agitation des élèves avant de commencer le cours !

Pour que le lien affectif suive le changement de lieu, il faut que l'enfant soit d'abord attaché aux personnes. C'est à chacun des parents, dans le temps qu'il passe avec l'enfant, d'inventer des signaux de reconnaissance : un bruit particulier, un jeu spécial, un clignement de l'œil, un secret dans l'oreille, le cliquetis de vos clefs de voiture, etc. C'est incroyable comme votre enfant enregistre tout, et ce sont ces détails qui définissent votre présence auprès de lui.

Habitant loin de mes enfants et petits-enfants, le signe de reconnaissance à mon endroit a toujours été, dès mon arrivée et pour tous quand ils étaient bébés, le grain de beauté que j'avais près du nez. Ils venaient dans mes bras pour le toucher et m'interrogeaient du regard : est-ce que j'avais mal ? Jusqu'à deux ans, toute la relation passait par là. Si je n'avais pas eu cette marque-là, il aurait fallu l'inventer !

Tant que l'enfant n'a pas trois ans, que celui qui n'a pas la garde complète (en général le père) vienne au moins deux ou trois fois par semaine. Demandez cet arrangement devant le tribunal s'il le faut, c'est de votre enfant qu'il est question et c'est vous pour l'instant qui lui faites son itinéraire et surtout son inconscient ! Pas monsieur le juge qui veut que la loi soit la même pour tous, alors que les inconscients sont tous différents. Peu à peu, le père pourra l'emmener en bas de l'immeuble, puis dans la voiture, puis chez lui.

Mais n'imaginons pas le pire. Il y a peu de parents qui plantent tout là, avant que l'enfant n'ait douze mois. Ajoutons qu'on ne divorce rapidement qu'au deuxième bébé, qui est le deuxième signal d'alarme pour le couple. Mais, maintenant, ils ont deux enfants et, pour ces deux-là, il y a un objet qui ne change pas : c'est l'autre enfant, le petit pour le grand et le grand pour le petit. Ils forment déjà un groupe uni pour se défendre du divorce, c'est-à-dire pour réparer au fur et à mesure la « lézarde » faite par des parents qu'ils voudraient tellement garder ensemble.

Au moment du divorce, un enfant jeune ne « veut » pas entendre ce qu'il entend, ce que hurlent ses parents, ce que lui dit gentiment papy. Un enfant veut absolument que ses deux parents ne se séparent pas pour ne pas perdre l'habitat de son ego dans lequel il a l'habitude de vivre. Il se structure avec eux et « chez lui », il aime son « chez lui », sa rue et il ne veut pas qu'on le mette dans une autre rue qu'il ne connaît pas. Il ne pourra s'y habituer que grâce au parent qui ne change ni de pas, ni de voix, ni de bras. A cet enfant qui commence à dire : « Quand je serai grand, je ferai comme papa... », il ne faudrait pas qu'on retire le modèle, qu'on lui mette le miroir trop loin, là où il ne peut pas le voir.

L'enfant, figurez-vous, ne juge pas son

parent (même si c'est un violent ou un violeur), il l'aime fidèlement. C'est cette fidélité qu'il ne faut pas briser dans un divorce car elle est garante de tous ses futurs attachements. Même si le père s'est fait détester par l'enfant, ne l'écartez pas en vous disant : « Il va être soulagé de ne plus le voir. » Non, il veut revoir le méchant papa, il lui est fidèle à travers sa détestation. C'est ainsi ! Empêchez-vous un chien qui a peur de son maître de revenir tout le temps la queue basse se frotter contre ses jambes pour recevoir encore un coup ?

Alors la question se pose : a-t-on intérêt à divorcer rapidement quand ça ne va plus ou doit-on attendre que l'enfant ait un âge raisonnable pour « entendre » ? Je n'ai pas dit « comprendre », car cela, il ne le pourra jamais (sauf quand il aura dix-huit ans). Déchirement permanent de la personne d'un enfant jusqu'à environ sept ans. Il ne pourra que demander sans cesse quand ça commence, quand ça finit, quand il va ou ne va pas là-bas. Car son père absent lui manque déjà. Mais s'il faut partir de chez vous pour aller chez lui, l'angoisse s'éveille à l'idée de lâcher la symbiose avec vous. Après l'âge dit de « raison », qui est l'âge où l'enfant est sûr d'être une « personne », il sera beaucoup moins dépendant intérieurement de ses parents et pourra circuler plus aisément de l'un à l'autre.

Tout petit, si ses parents ne vivent plus ensemble et ne s'aiment plus, cet enfant a une jambe de chaque côté et un bras dans chaque endroit, et il demande souvent : « Quand est-ce qu'il revient papa ? », « Où elle est maman ? » Il regarde par la fenêtre et conclut : « Auto pas là. » Ou, plus jeune encore, il fait rouler la petite auto verte que papa lui a donnée et vous entendez : « Broum, broum... pa-pa-pa ! » Vous voyez qu'il vous parle de sa blessure brûlante. Et vous ne devez pas le gronder, mais l'aider avec des mots : que vous soyez divorcée ou simplement séparée de son père, cet enfant veut que vous lui parliez de lui !

Quittez votre rancœur de femme ou d'amante, pour parler des qualités qu'avait cet homme, que vous avez aimé et reconnu pendant des années. Car votre enfant a besoin que ce soit vous qui reconnaissiez son droit à aimer le papa que vous lui aviez donné. On ne prête pas un papa, vous le savez. Alors aidez-le, rassurez-le : « Papa va venir. Papa t'aime beaucoup. »

Aider un enfant pendant le divorce, ce n'est pas lui expliquer la disparition définitive comme pour le pépé, l'hiver dernier. Non, c'est le consoler de ce qui est arrivé entre son papa et sa maman. C'est difficile et ça fait mal, mais ce n'est pas de sa faute et il faut qu'il garde son amour bien au chaud pour celui qui vient de claquer la porte ou de se sauver en douce avec sa valise et qui était son parent et doit toujours le rester. Cela est essentiel.

Parfois, ce sont les grands-parents qui « assurent », comme on dit, car ils manifestent la solidité, la fidélité. À un moment de divorce, un de mes petits-enfants est venu me demander l'air très grave : « Dis, toi, tu resteras toujours dans cette maison ? – Oui ! – Et je pourrais toujours y revenir ? – Oui ! et ton papa aussi ! » Aux yeux de cet enfant, chez moi, la mamie, le couple tient toujours la route. Je respecte leur désir de ne pas se rencontrer, mais quand l'enfant est avec moi, dans son cœur il a toujours ses deux parents.

Il faut que les parents connaissent la loi de l'enfant : sa fixation précoce à eux deux est absolue, qu'il s'agisse de parents modernes et alternants, ou que la mère éduque seule les

enfants tandis que le père ne fait rien pour se faire aimer et rentre de plus en plus tard le soir. Car ce père-là s'amusait quand même le samedi et le dimanche avec l'enfant ; et puis il y avait son odeur, partout dans la maison. L'enfant le reconnaîtra toujours à cela.

Pourquoi faire une place si différente à la famille dont le père est paternant et alternant avec la mère ? Parce que c'est ce père aimé à égalité avec la mère qui va sauver la famille au moment du divorce, qui va empêcher la « lézarde » au milieu de l'enfant. Ils divorceront, certes, mais ils n'entraîneront pas le désespoir de l'enfant, ni sa haine ni ses reproches. Il dira simplement : « J'aimais mieux quand ils habitaient ensemble », ou : « J'aimais pas quand ils étaient là, parce qu'ils se disputaient toujours. » Car l'enfant, issu de ses deux parents, est partisan de chacun d'eux. S'il les entend se disputer, une moitié de lui devient condamnable et l'autre moitié reste bonne, selon celui ou celle à qui sont faits les reproches (il y a toujours un accusateur et un accusé dans un couple).

Celui qui est condamné par son conjoint sera aussi souvent condamné par le tribunal sous forme de droit de visite tous les quinze jours. Verdict terrible : même le tribunal tâche de séparer l'enfant et le parent. On sait qu'avec ce système, dans les dix ans à venir, la moitié des enfants ne verront plus ce parent-là ! Il est incroyable qu'on donne raison aux mères en leur attribuant à 85 % la garde, alors que cela prive l'enfant de son père. Il est incroyable qu'on fasse de cet homme un accusé, un coupable. Qui l'enfant ira-t-il voir ? Son père, ou le bourreau de maman ? Sera-t-il à partir de là l'enfant d'une femme seulement ?

Peut-on régner sur son inconscient et lui interdire de se souvenir ? On peut essayer, mais ce n'est pas sans dégâts pour le reste de la mémoire. Assis en classe, l'enfant n'arrive pas à se souvenir que un plus deux ça fait trois, moins un ça refait deux. Il se trompe : il rajoute toujours un parce que avant, à la maison avec ses deux parents, ils étaient trois, oui, mais quand il est avec papa ils ne sont que deux (rejetés par maman). Et papa parle toujours de « tous les deux » alors que maman de son côté parle de « quand on est trois avec tonton ou avec Pierre. » Alors deux, c'était qui, quand ? Est-ce bien de n'être que deux ? Si votre enfant se trompe dans les nombres, c'est que les nombres n'ont pas toujours été logiques pour lui. Allez voir un thérapeute qui saura lui dire d'autres évidences sur la séparation de parents, car pour eux toute incapacité de l'enfant réveille automatiquement leur culpabilité de parents vivant séparément.

Après les effets du divorce sans alternance, voici l'histoire d'un couple d'amants devenus parents. Ils viennent me voir pour me parler de leur lune de miel finie depuis longtemps, de leur amour enterré et de leurs trois enfants bien vivants. Plutôt que de se disputer devant eux, ils envisagent de divorcer. Mais ce monsieur est un père « alternant » avec la mère, ses enfants l'adorent comme ils adorent la mère. Vous les voyez, ces deux-là, ébranler le ciel de leurs enfants avec un divorce ?

Alors on a fait comme pour le jugement de Salomon : lequel était prêt à tout quitter pour que les enfants soient heureux avec l'autre ? Curieusement, contrairement à l'habitude, ni l'un ni l'autre ne voient les enfants heureux avec un seul d'entre eux ! C'est là qu'on peut penser à ces vers charmants de Brel : « Un enfant, ça vous décroche un rêve, ça le porte à ses lèvres et ça part en chantant. » C'est ce que ces trois enfants auraient fait du mauvais rêve et du mauvais procès de leurs deux parents, ils l'auraient déchiré en mille morceaux et seraient partis en chantant... Lors des consultations de chaque parent isolément, il apparaissait qu'ils différaient beaucoup dans leurs goûts et façons d'être et que le désir était mort entre eux depuis belle lurette, mais qu'ils pouvaient mettre du ciment ici, et là un pansement... à cause des enfants. Chacun a pris l'engagement (le troisième de leur vie) de supporter sa différence d'avec l'autre, car c'est de leurs différences qu'étaient faits leurs enfants. Je ne crois pas qu'ils divorceront, sinon très tard ou très vieux quand leurs enfants seront très grands...

7

Ne me quittez pas !

Après avoir rêvé de l'enfant comme d'un bonheur à partager, il arrive – nous venons de le voir – que, loin de rapprocher les amoureux, cet enfant les écarte l'un de l'autre. Dans le meilleur des cas, la mère a divisé sa libido en deux – son mari et son enfant –, et sa vie en trois – le boulot, l'enfant, la famille. Le père, lui, a partagé la sienne comme à l'habitude en deux : la femme (avec sa sexualité) et le travail.

Parfois, l'homme qui essaie de prendre plus de place auprès de l'enfant se trouve mis en difficulté dans son travail et décide en définitive que l'entreprise passera avant l'enfant et avant la femme. Ce que celle-ci peut comprendre contre la promesse de récupérer sur le week-end. Mais l'enfant, lui, n'a rien à comprendre. Il enregistre tout simplement que maman est à lui et que papa est une récréation – ce qui restera dans bien des cas sa place définitive.

La vie avec le premier bébé est difficile en soi, car elle rend la relation amoureuse et sexuelle totalement différente : les parents voient leur vie entièrement réglée par le bébé et non par le « désir ». C'est la fameuse cage dont nous avons parlé qui est défavorable à la liberté de l'amour... et à l'amour tout court.

Ils sont pris dans l'engrenage parental avec l'espoir de se retrouver, de pouvoir remettre en commun leurs désirs, leurs amis, leurs distractions, mais en attendant chacun mesure combien l'autre est différent, en voyant sa façon de vivre « avec un enfant ». Cela ne fait que les éloigner, si bien que certains couples en arrivent à divorcer la première année de l'enfant. Croyant que l'enfant ne s'en rendra pas compte et oubliera. Mais non, il a déjà reçu l'empreinte de ses deux parents et il faut prendre des précautions qui ne sont plus nécessaires quand cet enfant atteint l'âge de raison.

Lorsque la séparation survient avant que l'enfant ait trois ans, l'important est qu'il ne perde rien de son entourage habituel : si le père se tenait jusque-là en retrait de la mère, qu'il le reste en venant voir l'enfant de temps en temps dans la semaine, chaque père est juge de ce qu'il a envie de représenter dans l'imaginaire de son enfant. Même si c'est un père lointain avec l'enfant, il doit savoir que son odeur, sa voix, ses pas font partie du paysage intérieur de ce dernier et qu'il n'est pas question d'introduire des lacunes dans ce paysage : si le père a l'intention de reculer dans la vie de cet enfant à l'occasion du divorce, il doit le faire progressivement : habiter ailleurs, mais pour son enfant passer comme d'habitude dans la soirée. Bébé pourra alors s'endormir tranquillement même si papa s'en est allé peu après...

Par contre, si le père a été paternant depuis le début, les parents organiseront une garde alternée dès les premiers jours de la séparation, chacun dans un appartement. Cela demande une bonne relation entre les partenaires car à cet âge tendre leur enfant n'a d'autres repères qu'eux-mêmes : **les parents doivent être attentifs à la continuité de la vie du bébé bien que leur vie commune prenne fin.**

Peu à peu, la garde alternée ou partagée s'organise entre les parents et le bébé. Si les parents n'arrivent pas à se mettre d'accord et passent leur temps à se chercher chicane à propos de l'enfant, ils prendront le conseil d'une conseillère conjugale, d'une médiatrice familiale ou d'une assistante sociale qui leur proposera des solutions ou leur conseillera de revenir au mode de garde le plus habituel : la mère en semaine et le père le week-end, ce qui, nous l'avons vu, condamne très vite celui-ci à disparaître de l'horizon de l'enfant[1].

La garde alternée est de plus en plus demandée et accordée dans la mesure où les domiciles sont proches et le niveau de vie des parents semblable, car c'est leur seul moyen de se séparer sans entraîner l'enfant dans la rupture.

Les parents doivent savoir que, dès la première année, l'enfant est tout occupé à reconnaître les lieux et les personnes qui vont contribuer à l'établissement de son ego : avec des personnes stables, parmi des objets permanents, il inscrit avec logique dans son ordinateur intérieur tous ceux qui passent régulièrement ou

1. Selon C. Villeneuve-Gokalp, in *Population*, 1999, un tiers des enfants vivant avec la mère ne voient plus du tout leur père.

vivent avec lui dans les premiers mois de sa vie ; leur odeur et leur voix sont enregistrées à tout jamais. Il en va de même pour toute personne qui fait partie de son entourage familial et dont il nous parle parfois bien plus tard...

C'est ainsi que dans nos rêves nous croyons souvent traverser des lieux inconnus de nous, mais que nous avons enregistrés dans notre inconscient. Sans nous en souvenir consciemment faute de mots, nous n'en avons gardé que les images.

On peut observer que les parents qui exercent en commun la parentalité ont plus de facilité, soit à rester ensemble à cause de l'enfant, soit à se séparer, chacun ayant pour objectif de donner une place essentielle à son enfant dans sa propre vie. L'enfant s'habitue parfaitement à ses deux domiciles et la fameuse « cassure » du divorce ne se produit pas. On peut même envisager que, chacun à son tour, le père et la mère, aille chercher l'enfant chez l'assistante maternelle qu'ils connaissent tous les deux.

Nous parlons là de la façon idéale de se séparer. Encore ne faut-il pas être trop névrosé pour croire que l'amour seul peut nous sauver de nous-mêmes et que notre partenaire est entièrement fautif de ne pas l'avoir compris...

La femme se rabat sur l'enfant parce que sa symbiose avec son mari est insuffisante. Le mari ne tarde pas à détourner sa sexualité ailleurs, ce qui lui sera reproché comme une agression directe et une marque de mépris de la féminité de sa femme. En général, c'est la mère qui la première a délaissé l'amant au bénéfice de l'enfant et qui ensuite se plaint d'être délaissée. **Mais qu'elle se détourne de son compagnon n'est pas apparu comme infidélité, puisque son nouvel amour était leur enfant !**

Qui parle d'infidélité comme faute dans le couple doit d'abord se remettre en question quant à son attitude amoureuse personnelle. Aujourd'hui, la sexualité n'est plus une obligation conjugale, mais un désir naturel et spontané pour l'autre – c'est en cela d'ailleurs qu'il est si difficile à conserver ! Et si le nombre des divorces pour faute est en diminution, c'est parce que l'on a compris que l'amour qui naît ou qui meurt n'est pas une faute, mais une décision due à l'inconscient.

Ceux qui divorcent le plus malaisément se sont mariés au nom du seul désir et de la seule symbiose des corps, car au moment de la venue du bébé, il est évident que la libido (surtout celle de la mère) se divise en deux. L'enfant fait alors figure de grief principal, ce qui fait de lui le coupable dans cette affaire où il a servi de révélateur principal (et c'est bien ce qu'il ressent). En cas de disputes violentes ou de désaccord manifeste très rapide après la naissance, il est nécessaire de consulter un psychologue avisé pour arriver à repérer tout ce que, bien avant cet enfant, on ne voulait pas avoir en commun et qui rend aujourd'hui la séparation inévitable.

Cette séparation sera effectuée le plus rapidement possible si l'atmosphère devient conflictuelle, car l'enfant avale même l'air qui sépare les deux époux. Il en fait son fonds de commerce affectif : vindicatif, inquiet, insomniaque, etc. Et en cas de violence physique entre les époux, la première protection s'avère être la séparation ou la fuite d'un des deux parents.

Dans les autres cas, la relation des parents a nécessairement changé depuis la naissance de cet enfant, mais ils attendent de la voir se restaurer.

Aussi vont-ils se retrouver autour et à cause de cet enfant. Peut-être même vont-ils en mettre un deuxième en route, imaginant comme pour le premier, qu'il peut être un facteur de paix entre eux.

Mais, en général, il aura le même destin et la même fonction que le premier. Ne faisant qu'accroître les oppositions et monter l'impatience entre ses deux parents, il les amènera à comprendre qu'ils en ont suffisamment fait « ensemble » et les décidera définitivement à se séparer. L'aîné aura entre trois à six ans et le second un an ou deux à peine. Si le premier a droit à une explication de la part de ses parents sur leur mésentente et leur désir de vivre à « côté » et non plus « ensemble », et s'il comprend que sa chambre reste toujours sa chambre et qu'il en aura peut-être une autre en plus là-bas chez papa, le second écoute sans comprendre mais il reconnaît les mots de la fin qu'il connaît bien : « Mais on vous aime tous les deux, et on reste votre papa et votre maman. »

8

Une autre famille ou l'art de reconstruire

Père et mère sont donc séparés. Le plus souvent la mère, à qui le tribunal a accordé la garde des enfants, se retrouve à la tête d'une nouvelle famille dite monoparentale. Sauf si la femme en a fait la demande ou si le père a des revenus bien supérieurs à ceux de la mère et a lui-même demandé la garde.

Il faut beaucoup de courage à cette mère pour organiser sa vie avec ses deux enfants totalement dépendants d'elle, alors que son travail est devenu indispensable, la pension versée par le père étant rarement suffisante. Il faut beaucoup d'abnégation à ce père pour payer la vie de ceux qu'il aimait (à sa façon) et qu'il ne verra plus guère que deux fois par mois (plus si la mère y consent).

Au début, la mère n'a guère de temps pour considérer ce qu'elle vit, à part cet amour colossal pour ses enfants qu'elle veut absolument aimer pour deux, puisque c'est elle qui la plupart du temps a demandé le divorce. Elle se figure que ses enfants n'écoutent qu'elle et qu'elle pourra les faire se ranger à son avis : « Papa ne valait pas grand-chose. » Pourtant, « vos enfants, vous pouvez leur donner votre amour mais non point vos pensées, car ils ont leurs propres pensées », a écrit Khalil Gibran.

Mais la mère ignore surtout que dévaloriser le père, c'est culpabiliser l'enfant, car c'est toucher à ce qu'il a de son père en lui. C'est, comme on l'a vu précédemment, lui enlever s'il est un garçon, le modèle masculin qu'il avait sous les yeux, pour le confronter au modèle de père que sa mère porte en elle depuis toujours : l'image de son propre père, donc le grand-père de l'enfant. Pour la fille, c'est lui enlever l'objet œdipien qu'elle aura été dans sa propre enfance. C'est pourquoi dans toutes ces familles où le père a disparu, la relation au grand-père maternel et à sa compagne est importante.

Cela explique parfois la relative indifférence de l'enfant au départ du père, pendant les quelques années qui le séparent de son adolescence. Le volcan explosera alors d'autant plus fort que l'image paternelle aura été dévalorisée et que la vie aura été menée sans lui. C'est ainsi qu'on peut comprendre la rébellion et la criminalité dans les banlieues dites mal famées où les pères, sans être absents, sont tous dévalorisés, ce qui ne suscite que des contre-identifications de la part des garçons de ces familles ou monoparentales ou défavorisées.

Après la séparation, la mère a dû prendre un appartement à loyer modéré et le père a pu se payer un studio plus correct à quelques kilomètres de là où il rentre chaque soir l'âme en écharpe : comment passer d'une vie en famille à une vie de célibataire qu'il associe à celle qu'il a déjà connue il y a dix ans. Après son premier divorce ou sa séparation, cet homme est en moyenne âgé de trente-cinq à quarante ans. Il rentre le soir, mange en vitesse un sandwich pour se mettre tout aussitôt devant la télé, seule interlocutrice, compagne de solitude au cours de cette étape morose, plein de regrets et de rage à l'égard de celle qui a tout fait chavirer. Le temps lui paraît long, très long, avec des enfants qui arrivent tous les quinze jours, si lointains, si difficiles à apprivoiser. Ils viennent de chez maman et ne veulent pas dire un mot de leur vie quotidienne avec « elle ». Et ce père a bien du mal à les reconquérir, à les faire rire. La vie ne lui paraît plus bonne à rien, ou est-ce lui qui ne se sent bon à rien ?

Enfin un soir, sortant du métro, ou de l'autobus, il se heurte à une jeune femme qui lui sourit, il répond à peine, mais son inconscient lui fait un charmant sourire. Il se reprend à espérer le retour d'un sourire de femme, de l'odeur de ses cheveux, d'un au revoir de la main. Le retour de la vie. Il est seul mais il est libre, contrairement à la mère. Et si elle a été la première à le mettre dehors, il sera le premier à rentrer chez une autre, qu'il croit différente… mais qui est la même à vouloir être aimée « extrêmement ». Il ne va pas hésiter à lui proposer de la raccompagner le soir jusque chez elle, d'où il ne ressortira qu'au petit matin. À cause des enfants !

Cette fois il est prudent, il n'ose pas dire qu'il aime cette Myriam et qu'il aimerait ne plus sortir de chez elle à l'aube, comme un voleur, avant que ses enfants à elle ne se réveillent. Il ne peut pas non plus l'inviter chez lui car elle ne voudrait jamais laisser ses enfants seuls la nuit : c'est une mère ! Une mère qui a « planté » le père, comment est-ce possible ? Elle est si gentille. (Mais oui, au début, tout le monde est toujours très gentil, il devrait s'en souvenir !)

Peu à peu, il rêve de vivre avec elle, de « refaire sa vie », comme on dit. Là, c'est sa vie amoureuse qu'il veut continuer. Et ses enfants, qu'en faire ? Elle lui en parle énormément, mais il se demande intérieurement quel accueil ils lui feront ? Tant qu'il n'a pas lu dans leurs yeux s'ils le veulent bien avec maman, il n'a pas de réponse claire et il n'en sait rien. Tout va dépendre de la relation qu'ont ces enfants avec leur père. Lui, il est prêt à les aimer parce que ce sont les enfants de Myriam, un point c'est tout ! Mais les enfants, feront-ils de même ?

La réponse appartient à quatre personnes : le père, qui est présent dans leur vie ou s'est effacé ; la mère, qui voudrait bien que ses enfants aiment son « ami », mais pas trop car elle ne veut pas perdre une exclusivité aussi durement gagnée avec eux ; les enfants eux-mêmes, qui soit vont détester cet homme qui leur prend leur mère, soit vont vouloir défendre la mémoire du père avec des

« Tu n'es pas mon père et tu n'as pas le droit... » ; soit tout au contraire vont se réjouir de voir maman si épanouie et voudront remplacer l'image du vrai père par ce nouvel ami dans ce miroir intérieur auquel ils se confrontent habituellement. Mais il faut compter aussi avec son petit Dany à lui, enfant du week-end qui n'a rien à voir dans tout cela puisqu'il est élevé ailleurs par sa mère et son nouvel ami. Que va comprendre Dany ? Que va-t-il ressentir ? Et s'il dort mal la nuit qui suit ? Et si son ex lui téléphone que Dany est perturbé, énervé, etc. Que fera-t-il le dimanche suivant ? Myriam ne viendra qu'en passant, sans ses enfants probablement...

Une famille recomposée ne dépend pas des deux parents qui ont le désir de mélanger tout ce qui leur appartient, mais des enfants qui ne leur appartiennent que pour une moitié et à qui il faut présenter les choses très progressivement : peut-être au cours d'une balade ou dans un parc de loisirs où on a l'habitude d'aller et de s'amuser. La présentation dehors, dans un grand espace, permet à l'enfant de garder sa liberté de mouvement, d'aller et venir, de faire semblant de ne pas voir ce qu'il voit : que papa est avec une autre femme que maman. Ce jour de la rencontre avec la copine de papa, que cela n'ait pas l'air de « Je vous présente ma nouvelle femme », car pour tous les enfants du monde, la femme de papa, même s'il n'en parle jamais, c'est maman !

Tout peut se jouer, rien n'est prévisible, même pour l'enfant qui croit savoir qu'il détestera tout nouvel arrivant dans le couple déjà séparé et dont l'inconscient va exprimer tout le contraire. Car si cela se passe mal du côté de sa mère qui ne s'occupe pas assez de lui à son goût, il va adorer l'amie de papa, libre et toute pour lui. Mais si celle-ci est comme maman et qu'elle a aussi des enfants, alors c'est zéro : il a perdu des deux côtés, avec des parents qui ajoutent tout le temps quelqu'un d'autre à ces restes de famille auquel l'enfant tient tellement ! Cependant, il reste une chance : si les enfants de Myriam sont sympathiques et qu'on peut jouer avec eux au lieu de traîner dans les jambes de papa, là, ce n'est pas mal. « Quand est-ce qu'on va revoir Cyrille et Coralie ? » Voilà une bonne question sur laquelle une famille va pouvoir se fonder.

Dans les autres cas, un beau-père sera difficile à glisser « en plus ». Mais si c'est le père de Cyrille et Coralie alors cela vaut le coup de l'adopter. Vous voyez que, dans la famille recomposée, l'adoption se passe à l'envers de l'habitude. Mais comme pour l'adoption d'un bébé, les choses doivent aller progressivement : on reste peu de temps au début, puis on revient un autre jour, avec un cadeau peut-être. Il faut être attentif à ce que voudront les enfants. Parfois, après vous avoir obligé(e) à rester dans l'escalier pendant deux ans, ils diront : « Pourquoi on ne voit pas ton copain (ta copine) ? »

La reconnaissance des enfants les uns par les autres se fera au nom des âges identiques ou non, des goûts et des habitudes différentes ou non, au nom du bonheur des parents (chacun préférant le sien). Il ne faudra rien forcer ni rien demander. Cela se présentera tout seul un jour à table ou devant la télé. Il suffira de voir, d'entendre ce qu'ils demandent mine de rien et l'ignorant eux-mêmes. Ils montreront qu'ils se souviennent que vous avez quelqu'un dans votre vie et que c'est important aussi.

La famille recomposée est une sorte de famille

où chacun trouve sa chance ou sa malchance, où chacun n'aura plus la vie « comme avant » mais pourra trouver bonne la vie telle qu'elle est « maintenant » : le face-à-face si révélateur des personnes se joue ici entre les enfants, et les parents sont devenus raisonnables. Ils savent qu'il faut attendre que tout le monde veuille bien embarquer ensemble dans le même bateau.

Dans cette famille, les amours seront à la carte. Ce n'est plus la famille biologique, c'est la famille selon le choix du cœur. C'est aux parents de deviner, de ne pas imposer leur choix, car ils l'ont déjà fait une fois lors du divorce, et le souhait de leur cœur n'a pas forcément été celui de leurs enfants ! Un bémol tout de même : les enfants vivant seuls avec leur maman supporteront moins bien sa reconversion que celle de leur papa qui les touche moins dans la proximité de tous les jours. Mais si le père a été envoyé au diable, peut-être voudront-ils bien de ce beau-père que maman reconnaît, que maman ne blâme pas, avec qui elle ne se dispute pas et qu'elle embrasse si tendrement.

Cette famille-là, comme la précédente, ne reposera que sur l'amour, mais cette fois les parents seront plus prudents, plus respectueux des différences de l'autre, ils sauront ne pas juger celui qui est « en plus », car ils se souviennent qu'en jugeant l'autre à travers son propre « manque » ils ont déjà créé un « en moins ».

Cette famille, si elle dure, donnera le plus souvent lieu à une autre arrivée, celle d'un bébé que tout ce petit monde redoute, car papa et maman pourraient l'aimer plus que les autres enfants présents. Difficile là aussi de prévoir la réaction de chaque enfant qui, refusant un nouvel assaillant, préférera parfois s'en faire un ami ou refusera carrément la confrontation en déclarant que le petit frère est « affreux ». Encore plus difficile à prévoir si c'est un enfant de sexe opposé, car dans ce cas la curiosité entraîne souvent l'attachement.

Le destin de cette famille est de se « recomposer », comme on dit, ou de voler en éclats, chacun se disant qu'il n'est vraiment pas fait pour la famille, que cela demande trop d'abnégation, de compréhension. Mais ce qu'il faut savoir, c'est **que personne n'est fait pour vivre dans une famille dont la seule loi est l'inconscient avec ses amours et ses haines fondamentales non tempérées par un surmoi rigoureux**. Ce surmoi fondateur d'une bonne entente dans une famille est entre les mains des parents. Mais les parents d'aujourd'hui n'ont pas hérité du surmoi de leurs propres parents puisque, depuis 1968, il est interdit de ne pas reconnaître le désir de l'enfant comme juste.

Dans la famille d'autrefois, il y avait des rôles, des places, des obligations, des générations à respecter et à écouter, et d'autres à qui apprendre les lois ancestrales et sociales de l'ensemble familial. **Nous n'avons jamais vécu ce temps d'aujourd'hui où la loi est binaire : ou c'est l'amour ou c'est la haine.** Ce que nous devons réapprendre pour vivre une famille recomposée, c'est la Loi de la famille avec le respect de l'autre et la tolérance à l'égard des différences, car il y en a bien plus dans la famille recomposée que dans toute autre famille.

La famille reste une obsession tout simplement parce que l'homme n'est pas fait pour vivre seul, mais en groupe. De quoi sera fait le prochain groupe ? La prochaine famille ? Quand on a cinquante-deux ans, trois enfants de père ou mère différents, peut-on encore y croire à cette sacrée famille qui nous file toujours entre les doigts ? Sera-t-elle faite du hasard ou de quelque chose qui lui ressemble : ils se sont quittés pour rester seuls, ils en ont soupé de la famille et de ses demandes d'amour à combler, et chacun a décidé de ne plus vivre « avec » un être aimé.

Mais un soir, sur le sable au coucher du soleil, un homme se croyant seul, ses trois ados ratissant la plage à la découverte de leurs premières amours, voit sortir de l'eau à quelques mètres de là une femme qui a l'air de débarquer sur une île. Elle s'essuie les yeux comme pour sortir du rêve et affronter la réalité. Elle se croit seule elle aussi et loin de la ville qui allume ses feux là-bas. Ils sont à deux pas l'un de l'autre. « Elle est bonne ? – Oh, délicieuse ! » répond la jeune femme en essorant ses cheveux. Et sans le vouloir, sans l'avoir attendu, ni rêvé, ni imaginé depuis longtemps, il regarde vraiment cette femme.

Et il a envie de la fameuse demande : « Donne-moi ce que je n'ai pas. » L'envie lui revient qu'elle mette sa tête tout contre lui. Il se sent de nouveau tout jeune, tout neuf, lui, le père de ces trois ados terribles. Ils se mettent à parler, sans séduction voulue, sans émotion prévue, mais ils se sentent bien, comme après une douche, celle de la vie qui les a bien rincés tous les deux !

Un être humain peut-il renoncer à communiquer, à aimer, à partager, et préférer cette terrible solitude qui lui est échue ?

Elle ne lui demandera rien de ce qu'elle veut et il lui parlera de ce dont il rêve : avoir un bateau et naviguer tranquille, seul, sur la mer. Ce rêve leur suffit à tous deux pour ce soir. Ils repartent ravis d'avoir glané un peu d'espoir, d'avoir interrompu un instant la solitude de leur cœur et le silence des mots.

Sur le chemin du retour, elle accepte simplement et pour la première fois qu'il ne possède pas « ce qu'elle n'a pas » mais bien plutôt ce qu'elle a déjà. Et lui s'est bien gardé de lui demander si elle avait des enfants là-bas dans cette ville. Il n'en veut plus des enfants : il en a déjà trois et c'est déjà trop lourd. Il veut du repos, de la tendresse, de la communication, du silence. L'amour fou, c'est pour les autres. Mais qu'est-ce qu'il lui a pris de lui dire à demain, à celle-là ? Et si elle a des enfants, rumine-t-il en cherchant les clefs de sa voiture, cette fois-ci il n'ira pas ! Il ne les adoptera pas !

Trois mois après, ils continuent à se voir et ils

parlent d'une maison ou d'un appartement où installer cette smalah faite de ses trois enfants à lui, de ses deux enfants à elle, plus celui que lui a filé son ex-mari, sans compter les grands-parents qui, fidèles, suivent la route tortueuse de leurs petits-enfants.

Ce sera un radeau cette fois auquel on s'arrimera, d'où on partira ou vers lequel on reviendra. Les liens ne seront pas toujours des liens de sang mais des liens de cœur ou même de rancœur. On entrera, on sortira, on fera une grande fête pour la fête des Mères. Car il y a plusieurs mères et quelquefois de différentes générations (eh oui !). Il faut bien le dire : les mères, on ne les arrête pas !

Le couple (surtout pas marié) sera la base et le recours, bien décidé qu'il est à rester là, dans tout ce va-et-vient de personnes, d'enfants et d'adolescents avec tout ce bruit, tant de vaisselle : tant de rires, tant de pleurs... « Et notre chambre, *ils* ne sont pas dedans quand même ? » Cette fois, ils mettront des lois pour qu'on ne les mange pas, qu'on ne les écrase pas, qu'on ne les exploite pas. Qu'on les respecte car ils sont enfin adultes !

Epilogue

La famille d'aujourd'hui ne ressemble guère à celle d'il y a un demi-siècle, l'amour y figure toujours, mais il est porté au rang de passion. Ce qui fait tout simplement que le mot sacré de « toujours » a été raturé et remplacé par la notion de « peut-être », il ne reste de la famille d'autrefois qu'un petit tas de cendre...

Les amoureux n'ont plus le temps de rêver, l'impératif de ce siècle est de « consommer » et de « jouir » le plus possible. Les amoureux se précipitent pour partager la vie, pour augmenter la passion. Erreur : l'amour de tous les jours s'use plus vite que celui de toujours !

Et les amants ont à peine le temps de voir la passion se consumer qu'ils passent déjà à l'autre « toujours » si chanté, si envié : faire l'enfant. Cela s'avère merveilleux jusqu'à sa naissance.

Mais peu à peu ils se rendent compte que l'enfant n'est pas qu'un trésor à admirer mais aussi une personne à écouter, à élever, à gronder. Et le plaisir promis dans tout ça ? Le plaisir, ce serait de voir l'enfant sourire, s'assagir, grandir et comprendre qu'il n'est pas seul à avoir des désirs ici.

Mais on le veut si heureux dans l'instant qu'on lui donne continuellement ce qu'il veut, l'enfant doit « toujours » avoir tout ce qu'il souhaite et rien ne doit lui manquer. Si bien que la moindre frustration déclenche chez cet enfant un ouragan de rage et de hurlements. Alors reproches et disputes éclatent du côté des parents : ils hurlent à leur tour de voir comment cet enfant dont ils attendaient l'amour leur apporte la dissension à propos de son désir et du leur...

De disputes en disputes, de reproches en accusations, ils ne voient plus qu'une chose : une vie comme cela pour toujours leur est insupportable. Les voilà qui divorcent déjà ! Les bagages faits et le tribunal ayant tranché, il reste un enfant qui s'accroche à sa maman et regarde la voiture de papa qui s'en va !

Chacun repart très décidé à rencontrer un

autre partenaire amoureux avec qui vivre ce fameux « toujours ». On reprend le cycle infernal : « Ensemble, on s'adore, on se dévore, puis on se déteste. » Cette fois-ci, on s'étonne, on se questionne, on avait fait beaucoup d'efforts de part et d'autre et on repart encore avec deux ou trois enfants, pleurant, pestant, nous reprochant de leur avoir fait perdre leur famille.

La famille ne pouvait durer « toujours » qu'en un temps où chacun avait sa place, respectait celle de l'autre, où chacun admettait que la famille avait ses obligations mais aussi ses récréations. Chacun autrefois devait tolérer la frustration causée par la présence de l'autre (au nom de la morale ou de la religion). Mais présentement, « l'ego » a pris une telle importance qu'aucun des figurants de cette famille n'est censé sacrifier un peu d'aujourd'hui pour atteindre demain...

Et la famille, qui fut le creuset de l'amour parental, filial, fraternel, est devenue celui de toutes les passions dévoratrices de tous, toutes générations confondues.

Les enfants ne supportent pas qu'on leur dise « non ». Les parents ne supportent pas qu'on leur dise « tu es méchant ». Et les grands-parents, il y a longtemps qu'ils ont filé, se sentant impuissants...

Comment survivre dans un tel ouragan de dévoration ? Comment l'amour des parents peut-il rester le « bel et tendre amour » du début dans un monde de disputes et de rage ? Alors maintenant, dit le couple, allons-nous-en !

Et si, plus tard, le hasard fait que nous rencontrons un autre parent seul également, il se peut que nous lui parlions et fassions quelques pas ensemble sur la plage, ignorant complètement ce soir-là qu'on va inventer une nouvelle famille.

Elle sera multiple, joyeuse ou douloureuse, et on n'en connaît pas la durabilité : on se retrouve avec un tas d'enfants mais on est devenus des parents qui ont enfin compris que l'amour s'éveille dans la communication, demeure par la reconnaissance de l'autre et perdure dans l'éducation des enfants et le désir de durer à la place de parents.

Table

Du même auteur

Les Enfants de Jocaste,
Denoël, 1980

La Psychofamille,
Carrère, 1988

Les Fils d'Oreste ou la Question du père,
Flammarion, 1994

Fille d'Eve ou la Relation à la mère,
Denoël, 1996

L'Ogre intérieur,
Fayard, 1998

Enfants-rois, plus jamais ça !
Albin Michel, 2002

Collection « J'écris pour les parents »
Éditions Fayard

Petit livre à l'usage des pères,
2001

Peut-on être une bonne mère ?
2001

Les Parents face à la violence,
2000

L'Enfant et sa sexualité,
2001

Il n'aime pas l'école,
2001

Composition Nord Compo
Impression : Imprimerie Floch, septembre 2004
Éditions Albin Michel
22, rue Huyghens, 75014 Paris
www.albin-michel.fr
ISBN 2-226-15548-1
N° d'édition : 22738. N° d'impression : 61001
Dépôt légal : octobre 2004
Imprimé en France